모로코 왕국 헌법
دستور المملكة المغربية

명지대학교 중동문제연구소
중동국가헌법번역HK총서10

모로코 왕국 헌법

دستور المملكة المغربية

명지대학교 중동문제연구소
معهد الدراسات لشؤون الشرق الأوسط

명지대학교 중동문제연구소 중동국가헌법번역HK총서10

모로코 왕국 헌법

등록 1994.7.1 제1-1071
발행 2018년 2월 15일

기 획   명지대학교 중동문제연구소(www.imea.or.kr)
옮긴이   김종도 정상률 임병필 박현도
감 수   김현종 남혜진
펴낸이   박길수
편집인   소경희
편 집   조영준
관 리   위현정
디자인   이주향
펴낸곳   도서출판 모시는사람들
         03147 서울시 종로구 삼일대로 457(경운동 수운회관) 1207호
전 화   02-735-7173, 02-737-7173 / 팩스 02-730-7173
홈페이지 http://www.mosinsaram.com/

인쇄   상지사P&B(031-955-3636)
배본   문화유통북스(031-937-6100)

값은 뒤표지에 있습니다.
ISBN 979-11-88765-06-5   94360
SET   978-89-97472-43-7   94360

이 도서의 국립중앙도서관 출판예정도서목록(CIP)은 서지정보유통지원시스템
홈페이지(http://seoji.nl.go.kr)와 국가자료공동목록시스템(http://www.nl.go.kr/
kolisnet)에서 이용하실 수 있습니다. (CIP제어번호 : CIP2018001658)

이 역서는 2010년 정부(교육과학기술부)의 재원으로 한국연구재단의 지원을 받아 수행된 연

구임(NRF-2010-362-A00004)

머리말

　명지대학교 중동문제연구소는 2010년부터 10년 동안 한국연구
재단의 인문한국(HK)지원사업 해외지역연구 사업을 수행하고 있
습니다. "현대 중동의 사회변동과 호모이슬라미쿠스: 샤리아 연구
와 중동학 토대구축"이란 대주제 하에 종합지역 연구(아젠다), 종
합지역정보시스템 구축, 지역전문가 및 학문후속세대 양성, 국내
외네트워크 형성 및 협력 강화, 사회적 서비스 사업을 중점적으
로 수행하고 있습니다. 이러한 사업의 일환으로 중동문제연구소
에서는 현대 중동 국가들의 정체성을 가장 구체적으로, 가장 명
료하게 표현해 놓은 중동 국가들의 헌법 원문(아랍어, 페르시아
어, 터키어, 히브리어)을 우리 글로 번역 출판하는 작업을 하고 있
습니다. 『사우디아라비아 통치기본법』(2013.05.31), 『쿠웨이트 헌
법』(2014.04.30), 『아랍에미리트 헌법』(2014.06.30), 『카타르 헌법』
(2015.04.30), 『오만 술탄국 기본법』(2015.05.31), 『바레인 헌법』
(2016.01.30), 『사우디아라비아 통치기본법(개정판)』(2016.05.25),

『튀니지 헌법』(2016.05.31), 『알제리 인민민주공화국 헌법』(2017.05.31), 『이란 이슬람공화국 헌법』(2017.06.30)을 번역 출판하였고, 이번에 『모로코 왕국 헌법』(2018.01.20)을 번역 출판하게 되었습니다. 아랍어 원문의 의미에 가장 가까우면서도 독자들이 가장 잘 이해할 수 있도록 번역하기 위해 언어학자, 정치학자, 종교학자, 변호사가 함께 했습니다.

헌법에는 한 국가의 정치적 · 경제적 · 사회적 · 문화적 정체성과 그 안에 살고 있는 사람들의 삶의 양태가 가장 포괄적으로 규정되어 있고, 그 헌법 규정 하에서 살고 있는 사람들은 사후적으로 법 생활뿐 아니라 정치 · 경제 생활에서도 공통의 정향성을 형성합니다. 따라서 어떤 국가의 정체성을 이해하기 위해서는 우선 그 국가의 헌법을 이해해야 할 것입니다.

2011년 7월, 7차 개정된 『모로코 왕국 헌법』은 제14장 180조로 구성되어 있습니다. 『모로코 왕국 헌법』은 모로코가 입헌군주제임을 규정하고 있으며, 이전 헌법보다 여러 자유권 관련 규정을 강화하고, 인권 관련 규정과 국제법 준수 관련 규정을 두었습니다. 2011년 개정헌법은 서문, 제1장 총칙(1~18조), 제2장 기본 자유와 권리(19~40조), 제3장 왕정(41~59조), 제4장 입법부(60~86조), 제5장 행정부(87~94조), 제6장 권한 간의 관계(95~106조), 제7장 사법부 (107~128조), 제8장 헌법재판소(129~134조), 제9장 지역 및 기타 영토집단(135~146조), 제10장 최고회계위원회(147~150조), 제11장 경제 · 사회 · 환경 위원회(151~153조), 제12장 양호통치(154~171조), 제13장 헌법개정(172~175조), 제14장 과도 규정과 최종 규정 (176~180조)으로 되어 있습니다.

제1조에 "모로코의 통치 체제는 입헌적 · 민주적 · 의회적 · 사회적 왕정 체제"로 "권력의 분립 · 균형 · 협력, 국민의 민주주의 참여, 양호통치 및 회계에 대한 책임 부과의 원칙을 토대로 한다."고 규정하고 있고, 제2조에 "국가의 주권은 직접 국민투표를 통해, 간접 대표들을 통해 행사된다."고 함으로써 민주주의, 권력분립, 국민주권원칙에 의한 입헌군주제를 정치체제로 하고 있습니다.

모로코는 다문화의 용광로와 같은 국가입니다. 오랜 역사동안 베르베르인, 페니키아인, 카르타고인, 로마인, 반달족, 비잔틴인, 아랍인, 그리고 유럽인들이 모로코 지역에서 기존의 문화와 각자의 문화를 융합하여 새로운 문화와 문명을 형성해 왔습니다. 특히 7세기 말에 아랍인들이 모로코 지역에 이슬람을 전파하여 베르베르문화와 이슬람문화가 융합하게 되었으나 모로코는 북아프리카 국가 중 오스만제국의 지배를 받지 않은 유일한 국가이기도 합니다. 17~18세기에 영국, 스페인 등이 모로코 일부 지역을 식민 지배

했고, 1912~1956년 기간에 모로코는 프랑스와 스페인의 분할 점령
지가 되기도 했습니다. 무함마드 5세 및 독립당을 중심으로 치열하
게 독립투쟁을 한 결과 1956년 독립하였고, 모로코 왕국을 건설했
습니다. 그러나 아직도 서사하라 문제, 스페인령 세우타와 멜리야,
뻬레힐 섬 영유권 문제 등 영토 및 국경선 문제로 주변국들과 분쟁
이 지속되고 있습니다.

한국과 모로코는 1962년 7월 6일 외교관계를 수립했고, 같은 해
9월에 주 모로코 상주 한국대사관, 1988년 12월에 주 한국 상주 모
로코대사관이 개설되었습니다. 1962년 수교 이후 한국 모로코 관
계는 다양하고 심층적 관계로 발전해 왔습니다. 한국을 '모로코 경
제발전의 롤 모델'이라고 할 정도로 모로코인들에게 한국의 이미
지는 좋으며, 이에 따라 주 모로코 한국국제협력단을 통해 다양한
협력사업을 진행해 왔습니다. 무역협정(1976.05), 경제기술협정
(1976.05)을 시작으로 각종 협정을 통해 양국관계가 심화되었고,
고위급 인사들의 상호 방문을 통해 양국 간 협력 관계는 매우 심화
되어 왔습니다. 모로코는 유럽과 아프리카로 들어가는 관문이기도
합니다. 역사적으로, 문화적으로, 지경학적으로 우리와 비슷합니
다. 그만큼 전략적 협력관계를 구축하기에 좋은 국가입니다.

중동문제연구소는 중동연구의 기반 구축 사업의 일환으로 중동

주요 국가들의 헌법을 원문에 충실하게 번역하는 우리나라 최초의 연구소입니다. 무슨 일이나 '최초'라는 것은 개척자라는 의미도 있지만 용기와 두려움을 필요로 합니다. 아랍어문학, 정치학, 이슬람학 전공자들이 번역하고, 법 전문가의 감수를 받았음에도 세상에 내놓기에 두려움이 앞섭니다. 강의와 논문 작성 등 교수의 본업을 충실히 하면서도 꾸준히 공동번역과 여러 차례 교정 작업을 했고 법 전문가의 감수를 거쳤습니다. 그럼에도 불구하고 아랍어 자체의 난해함과 언어문화나 언어구조가 우리와 달라 독자 여러분이 읽기에 난해한 부분이 있을 것입니다. 독자들의 애정 어린 평가를 기대합니다.

『모로코 왕국 헌법』을 번역하여 출판할 수 있도록 재정 지원을 해준 한국연구재단, 번역과 검토 및 수정 작업에 참여한 김종도 교수, 정상률 교수, 임병필 교수, 박현도 교수와 감수를 맡아 꼼꼼히 읽고 평가해 주신 김현종, 남혜진 변호사께 감사를 드립니다.

2018년 1월 10일
명지대학교 중동문제연구소장 이종화

차례

서문

권리와 법이 지배하는 민주국가를 건설한다는 불가역적 선택에 충실하고자 모로코 왕국은 참여 · 다원주의 · 양호통치를 토대로 하는 통합과 현대국가 제도를 공고히 하고 강화하는 과정을 결연히 추구한다. 국민의 권리와 의무라는 상호관계원칙의 틀 안에서 국민 모두가 안전 · 자유 · 기회의 평등 · 인간의 존엄 · 사회 정의 · 고귀한 삶의 요소들을 누릴 수 있는 통합사회를 이룬다.

모로코 왕국은 완전한 주권을 가지고, 국가와 영토의 통합을 견지하며, 국가 정체성 요인의 융합과 다양성을 유지하고, 모로코 왕국에는 아랍 · 이슬람과 아마지그[1]와 사하라 하산[2]과 같은 모든 요인들이 용해되어 있으며, 아프리카 · 안달루스 · 히브리 · 지중해의 요소들이 풍부한 이슬람 국가이다.[3] 또한 모로코의 정체성 중심에는 이슬람이 자리 잡고 있고, 모로코 국민들은 개방 · 중용 · 관대 · 대

تصدير

إن المملكة المغربية، وفاء لاختيارها الذي لا رجعة فيه، في بناء دولة ديمقراطية يسودها الحق والقانون، تواصل بعزم مسيرة توطيد وتقوية مؤسسات دولة حديثة، مرتكزاتها المشاركة والتعددية والحكامة الجيدة، وإرساء دعائم مجتمع متضامن، يتمتع فيه الجميع بالأمن والحرية والكرامة والمساواة، وتكافؤ الفرص، والعدالة الاجتماعية، ومقومات العيش الكريم، في نطاق التلازم بين حقوق وواجبات المواطنة.

المملكة المغربية دولة إسلامية ذات سيادة كاملة، متشبثة بوحدتها الوطنية والترابية، وبصيانة تلاحم وتنوع مقومات هويتها الوطنية، الموحدة بانصهار كل مكوناتها، العربية – الإسلامية، والأمازيغية، والصحراوية الحسانية، والغنية بروافدها الإفريقية والأندلسية والعبرية والمتوسطية. كما أن الهوية المغربية

화 · 인류의 모든 문화와 문명 간 상호 이해의 가치를 견지하고 있다. 이슬람이 국가 정체성에서 중심적 위치를 차지한다는 것은 전 세계 모든 문화와 문명간 상호 이해를 위하여 모로코 국민이 개방 · 중용 · 관용 · 대화의 가치를 중시한다는 것을 뜻한다.

국제사회에서 맡은 역할을 강화해야 한다는 당위성을 고려하면서, 국제기구 활동의 적극적인 회원국으로서 모로코 왕국은 국제기구의 헌장과 협약에 규정된 원칙 · 권리 · 의무를 준수하고, 보편적으로 인정되는 인권을 인정하며, 세계의 평화와 안전을 계속 수호하겠다는 결의를 확인한다.

이러한 가치와 확고한 원칙을 토대로 하고, 다른 국가와 형제애 · 협력 · 연대 · 건설적인 동반자 관계를 맺고자 하는 강력한 의지를 지니고 있음을 확증하면서, 대(大)마그립[4]의 일원으로 완전한 주권을 지닌 통일 국가 모로코 왕국은 다음 사항을 준수할 것을 확인한다.

- 전략적 선택으로써 마그립연방 건설을 위한 노력

تتميز بتبوأ الدين الإسلامي مكانة الصدارة فيها، وذلك في ظل تشبث الشعب المغربي بقيم الانفتاح والاعتدال والتسامح والحوار، والتفاهم المتبادل بين الثقافات والحضارات الإنسانية جمعاء.

وإدراكا منها لضرورة تقوية الدور الذي تضطلع به على الصعيد الدولي، فإن المملكة المغربية، العضو العامل النشيط في هذه المنظمات الدولية، تتعهد بالتزام ما تقتضيه مواثيقها من مبادئ وحقوق وواجبات، وتؤكد تشبثها بحقوق الإنسان كما هي متعارف عليها عالميا. كما تؤكد عزمها على مواصلة العمل للمحافظة على السلام والأمن في العالم.

وتأسيسا على هذه القيم والمبادئ الثابتة، وعلى إرادتها القوية في ترسيخ روابط الإخاء والصداقة والتعاون والتضامن والشراكة البناءة، وتحقيق التقدم المشترك، فإن المملكة المغربية، الدولة الموحدة، ذات السيادة الكاملة، المنتمية إلى المغرب الكبير، تؤكد وتلتزم بما يلي:

– العمل على بناء الاتحاد المغاربي كخيار استراتيجي؛

- 아랍·이슬람공동체 소속 유대감 강화 및 형제 국민들과 형제애·연대 강화

- 아프리카 국민과 국가, 특히 해안 및 사하라 국가들[5]과 협력·연대 관계 강화

- 유럽 및 지중해 인접 국가들과 협력·친선·동반자 유대감 강화

- 모든 국가들과 우호관계, 인간적·경제적·학문적·기술적·문화적 교류 확대와 다양화

- 남(南)·남(南) 협력 강화

- 불가분성과 보편성에 의거해 인권과 국제인권법 체제의 보호와 진흥 및 이의 발전에 기여

- تعميق أواصر الانتماء إلى الأمة العربية
والإسلامية، وتوطيد وشائج الأخوة والتضامن مع
شعوبها الشقيقة؛

- تقوية علاقات التعاون والتضامن مع الشعوب
والبلدان الإفريقية، ولاسيما مع بلدان الساحل
والصحراء؛

- تعزيز روابط التعاون والتقارب والشراكة مع
بلدان الجوار الأورو – متوسطي؛

- توسيع وتنويع علاقات الصداقة، والمبادلات
الإنسانية والاقتصادية، والعلمية والتقنية والثقافية
مع كل بلدان العالم؛

- تقوية التعاون جنوب – جنوب؛

- حماية منظومتي حقوق الإنسان والقانون الدولي
الإنساني والنهوض بهما، والإسهام في تطويرهما؛ مع
مراعاة الطابع الكوني لتلك الحقوق، وعدم قابليتها
للتجزيء؛

- 성별, 피부색, 신앙, 문화, 사회적 출신 또는 출신 지역, 언어, 장애나 개인적 상황을 이유로 행해지는 모든 유형의 차별을 금지하고 이에 맞서 투쟁함.

- 왕국의 헌법 규정, 법률 그리고 견고한 민족정체성의 틀 안에서 모로코가 승인한 국제 협정을 준수하고, 공표되는 즉시 이러한 협정은 국내법보다 우위이며, 그 승인이 요구하는 바와 이 법이 조화를 이루도록 노력함.

이 서문은 이 헌법과 분리되지 않는 일부분이다.

– حظر ومكافحة كل أشكال التمييز، بسبب الجنس أو اللون أو المعتقد أو الثقافة أو الانتماء الاجتماعي أو الجهوي أو اللغة أو الإعاقة أو أي وضع شخصي، مهما كان؛

– جعل الاتفاقيات الدولية، كما صادق عليها المغرب، وفي نطاق أحكام الدستور، وقوانين المملكة، وهويتها الوطنية الراسخة، تسمو، فور نشرها، على التشريعات الوطنية، والعمل على ملاءمة هذه التشريعات، مع ما تتطلبه تلك المصادقة.

يُشكل هذا التصدير جزءا لا يتجزأ من هذا الدستور.

제1장
총칙

제1조

모로코의 통치 체제는 입헌적 · 민주적 · 의회적 · 사회적
왕정 체제이다.

왕국의 헌법 제도는 권력의 분립 · 균형 · 협력, 국민의 민
주주의 참여, 양호통치 및 회계에 대한 책임 부과의 원칙
을 토대로 한다.

움마(국가)[6]는 움마의 일상생활에 있어서 집단적 불변성
에 의지하고, 이슬람의 관용과 다양한 요소들의 민족적 통
합, 헌법적 왕정 체제, 민주적 선택을 구현한다.

왕국의 영토는 지역 발전을 기반으로 지방분권화가 이루
어졌다.[7]

الباب الأول
أحكام عامة

(الفصل ١)

نظام الحكم بالمغرب نظام ملكية دستورية، ديمقراطية برلمانية واجتماعية.

يقوم النظام الدستوري للمملكة على أساس فصل السلط، وتوازنها وتعاونها، والديمقراطية المواطنة والتشاركية، وعلى مبادئ الحكامة الجيدة، وربط المسؤولية بالمحاسبة.

تستند الأمة في حياتها العامة على ثوابت جامعة، تتمثل في الدين الإسلامي السمح، والوحدة الوطنية متعددة الروافد، والملكية الدستورية، والاختيار الديمقراطي.

التنظيم الترابي للمملكة تنظيم لا مركزي، يقوم على الجهوية المتقدمة.

제2조

국가의 주권은 직접 국민투표를 통해, 간접 대표들을 통해 행사된다.

국가는 자유롭고 투명하며 정상적인 투표로 선출된 기구들에서 대표자들을 선출한다.

제3조

이슬람은 국교이며, 국가는 모든 사람에게 신앙의 자유로운 활동을 보장한다.

제4조

왕국의 국기는 녹색의 오각별이 중앙에 자리 잡고 있는 빨간색 깃발이다.

왕국의 좌우명은 알라[8], 국가, 국왕이다.[9]

제5조

아랍어는 국가의 공용어이다.

(الفصل ٢)

السيادة للأمة، تمارسها مباشرة بالاستفتاء، وبصفة غير مباشرة بواسطة ممثليها.

تختار الأمة ممثليها في المؤسسات المنتخبة بالاقتراع الحر والنزيه والمنتظم.

(الفصل ٣)

الإسلام دين الدولة، والدولة تضمن لكل واحد حرية ممارسة شؤونه الدينية.

(الفصل ٤)

علم المملكة هو اللواء الأحمر الذي تتوسطه نجمة خضراء خماسية الفروع.

شعار المملكة: الله، الوطن، الملك.

(الفصل ٥)

تظل العربية اللغة الرسمية للدولة.

국가는 아랍어의 보호와 발전 및 사용 촉진을 위해 노력한다.

아마지그어[10] 또한 예외 없이 모든 모로코인들의 공동 유산으로서 국가의 공용어로 간주한다.

아마지그어를 공용어 성격으로 이행하는 단계들과 교육 분야, 이를 일상생활에 우선적으로 포함하는 내용은 기본법으로 규정한다. 이는 아마지그어의 지위를 공용어로 향하게 할 것이다.

국가는 분할될 수 없는 통합된 모로코의 문화 정체성이라 할 수 있는 하사니아[11] 수호 및 모로코에서 사용되는 방언들과 문화적 표현들의 보호를 위해 노력하며, 언어와 문화 정책의 조화 및 의사소통 수단이고 지식 사회와의 통합과 상호작용이며 다양한 문화와 현대 문명에 대한 개방의 측면에서 세상에 통용되는 다수의 외국어 교육과 이의 숙달을 감독한다.

국립모로코언어·문화위원회가 설립되며,[12] 이의 특별 과업은 아랍어와 아마지그어 그리고 모로코의 다양한 문화

وتعمل الدولة على حمايتها وتطويرها، وتنمية استعمالها.

تعد الأمازيغية أيضا لغة رسمية للدولة، باعتبارها رصيدا مشتركا لجميع المغاربة، بدون استثناء.

يحدد قانون تنظيمي مراحل تفعيل الطابع الرسمي للأمازيغية، وكيفيات إدماجها في مجال التعليم، وفي مجالات الحياة العامة ذات الأولوية، وذلك لكي تتمكن من القيام مستقبلا بوظيفتها، بصفتها لغة رسمية.

تعمل الدولة على صيانة الحسانية، باعتبارها جزءا لا يتجزأ من الهوية الثقافية المغربية الموحدة، وعلى حماية اللهجات والتعبيرات الثقافية المستعملة في المغرب، وتسهر على انسجام السياسة اللغوية والثقافية الوطنية، وعلى تعلم وإتقان اللغات الأجنبية الأكثر تداولا في العالم؛ باعتبارها وسائل للتواصل، والانخراط والتفاعل مع مجتمع المعرفة، والانفتاح على مختلف الثقافات، وعلى حضارة العصر.

يُحْدَث مجلس وطني للغات والثقافة المغربية، مهمته،

표현들을 토착 유산과 현대적 창작으로 간주하고 이들을 보호하고 발전시키는 것이다. 위원회는 이 분야에 관련된 모든 기구들을 통합하며, 이의 권한, 조직, 운영 방식은 기본법으로 규정한다.

제6조

법률은 국가 의지에 관한 최고의 표현이다. 공권력(정부)을 포함하여 개인과 법인, 즉 모든 것은 법률 앞에 평등하며, 법률에 복종할 의무가 있다.

공권력은 국민들이 보편적인 자유와 평등을 충분히 누릴 수 있도록 하며, 국민이 정치적 · 경제적 · 문화적 · 사회적 생활에 참여할 수 있도록 제반 조건을 제공하기 위해 노력한다.

법령의 합헌성과 체계 및 공표 의무는 필수 원칙들로 간주된다.

법률에는 소급효가 없다.

على وجه الخصوص، حماية وتنمية اللغتين العربية والأمازيغية، ومختلف التعبيرات الثقافية المغربية، باعتبارها تراثا أصيلا وإبداعا معاصرا. ويضم كل المؤسسات المعنية بهذه المجالات. ويحدد قانون تنظيمي صلاحياته وتركيبته وكيفيات سيره.

(الفصل ٦)

القانون هو أسمى تعبير عن إرادة الأمة. والجميع، أشخاصا ذاتيين واعتباريين، بما فيهم السلطات العمومية، متساوون أمامه، وملزمون بالامتثال له.

تعمل السلطات العمومية على توفير الظروف التي تمكن من تعميم الطابع الفعلي لحرية المواطنات والمواطنين، والمساواة بينهم، ومن مشاركتهم في الحياة السياسية والاقتصادية والثقافية والاجتماعية.

تعتبر دستورية القواعد القانونية، وتراتبيتها، ووجوب نشرها، مبادئ ملزمة.

ليس للقانون أثر رجعي.

제7조

정당은[13] 모든 국민들의 정치적 견해를 조직화하고, 국민들의 정치적 참여와 공적 역할 담당을 독려한다. 정당은 헌법적 기구의 범위 내에서 다원주의 및 민주적인 방법에 의한 정권교체의 원칙 하에 유권자들의 정치적 의사 표현과 투표권 행사를 장려한다.

정당들은 헌법과 법률의 범위 내에서 자유롭게 설립되고 활동한다.

단일 정당체제는 허용되지 않는다.

종교, 언어, 인종, 혈통, 지역 또는 그 어떤 방법으로든지 차별하거나, 인권에 반하는 정당을 설립하는 것은 허용되지 않는다.

정당의 목적이 이슬람, 왕정, 헌법 원칙, 민주적 토대, 왕국의 민족이나 영토 통합을 침해하는 것은 허용되지 않는다.

정당의 조직과 운영은 민주적 원칙들을 따른다.

(الفصل ٧)

تعمل الأحزاب السياسية على تأطير المواطنات والمواطنين وتكوينهم السياسي، وتعزيز انخراطهم في الحياة الوطنية، وفي تدبير الشأن العام، وتساهم في التعبير عن إرادة الناخبين، والمشاركة في ممارسة السلطة، على أساس التعددية والتناوب، بالوسائل الديمقراطية، وفي نطاق المؤسسات الدستورية.

تؤسس الأحزاب وتمارس أنشطتها بحرية، في نطاق احترام الدستور والقانون.

نظام الحزب الوحيد نظام غير مشروع.

لا يجوز أن تؤسس الأحزاب السياسية على أساس ديني أو لغوي أو عرقي أو جهوي، وبصفة عامة، على أي أساس من التمييز أو المخالفة لحقوق الإنسان.

ولا يجوز أن يكون هدفها المساس بالدين الإسلامي، أو بالنظام الملكي، أو المبادئ الدستورية، أو الأسس الديمقراطية، أو الوحدة الوطنية أو الترابية للمملكة.

يجب أن يكون تنظيم الأحزاب السياسية وتسييرها

특히 정당의 설립과 활동, 국가의 자금 지원 허용 기준, 자금 감독 방식에 관한 원칙들은 이 조항에서 언급하고 있는 원칙의 테두리 내에서 기본법으로 규정한다.

제8조

임금노동자조합, 전문직협회, 고용자전문협회는 그들이 대표하는 집단의 사회적 · 경제적 권리와 소득을 방어하고 증진하기 위해 노력한다. 단체와 협회의 설립과 자유로운 활동은 헌법과 법률의 준수 범위 내에서 이루어진다.

이러한 조직들의 구조와 운영은 헌법 원칙들을 따라야만 한다.

공권력은 법률이 명시하는 조건에 따라 단체 협상의 지원과 단체 노동 협약을 체결하도록 노력한다.

مطابقا للمبادئ الديمقراطية.

يحدد قانون تنظيمي، في إطار المبادئ المشار إليها في هذا الفصل، القواعد المتعلقة، بصفة خاصة، بتأسيس الأحزاب السياسية، وأنشطتها ومعايير تخويلها الدعم المالي للدولة، وكذا كيفيات مراقبة تمويلها.

(الفصل ٨)

تساهم المنظمات النقابية للأُجراء، والغرف المهنية، والمنظمات المهنية للمشغلين، في الدفاع عن الحقوق والمصالح الاجتماعية والاقتصادية للفئات التي تمثلها، وفي النهوض بها. ويتم تأسيسها وممارسة أنشطتها بحرية، في نطاق احترام الدستور والقانون.

يجب أن تكون هياكل هذه المنظمات وتسييرها مطابقة للمبادئ الديمقراطية.

تعمل السلطات العمومية على تشجيع المفاوضة الجماعية، وعلى إبرام اتفاقيات الشغل الجماعية، وفق الشروط التي ينص عليها القانون.

특히 조합의 설립과 활동, 국가의 자금 지원 허용 기준, 자금 감독 방식에 관한 원칙들은 법률로 규정한다.

제9조

정당과 조합 조직은 재판 판결에 의하지 아니하고서는 공권력에 의해 해산되거나 중단되지 않는다.

제10조

헌법은 야당이 의회 직무와 정치적 역할에서 보다 완전하게 임무를 수행할 수 있도록 권리를 보장한다.

특히 헌법은 야당에게 다음의 권리를 보장한다.

  - 의견 · 표현 · 집회의 자유
  - 공공홍보매체에서 대표성에 비례하는 방송 시간
  - 법률에 따른 공공재정으로부터의 이득
  - 특히 두 의회 의제에 법률안의 기록을 통하여 입법 절

يحدد القانون، بصفة خاصة، القواعد المتعلقة بتأسيس المنظمات النقابية وأنشطتها، وكذا معايير تخويلها الدعم المالي للدولة، وكيفيات مراقبة تمويلها.

(الفصل 9)
لا يمكن حل الأحزاب السياسية والمنظمات النقابية أو توقيفها من لدن السلطات العمومية، إلا بمقتضى مقرر قضائي.

(الفصل ١٠)
يضمن الدستور للمعارضة البرلمانية مكانة تخولها حقوقا، من شأنها تمكينها من النهوض بمهامها، على الوجه الأكمل، في العمل البرلماني والحياة السياسية.
ويضمن الدستور، بصفة خاصة، للمعارضة الحقوق التالية:
– حرية الرأي والتعبير والاجتماع؛
– حيزا زمنيا في وسائل الإعلام العمومية يتناسب مع تمثيليتها؛

차에 실제 참여

- 특히 감사청원서, 대정부 질의, 정부에 대한 구두 질의, 의회진상조사위원회를 통하여 정부의 업무 감독에 실제 참여

- 헌법재판소 구성원에 대한 후보 추천과 선출에 참여

- 두 의회의 내부 활동에 적합한 대표성

- 하원의회에서 입법을 위임 받은 위원회 주재

- 기관의 임무 수행에 적합한 수단 제공

- 국가의 정의로운 사안들과 사활적 이익을 방어하기 위한 의회 민주주의에 적극적으로 참여

– الاستفادة من التمويل العمومي، وفق مقتضيات القانون؛

– المشاركة الفعلية في مسطرة التشريع، لاسيما عن طريق تسجيل مقترحات قوانين بجدول أعمال بمجلسي البرلمان؛

– المشاركة الفعلية في مراقبة العمل الحكومي، لاسيما عن طريق ملتمس الرقابة، ومساءلة الحكومة، والأسئلة الشفوية الموجهة للحكومة، واللجان النيابية لتقصي الحقائق؛

– المساهمة في اقتراح المترشحين وفي انتخاب أعضاء المحكمة الدستورية؛

– تمثيلية ملائمة في الأنشطة الداخلية لمجلسي البرلمان؛

– رئاسة اللجنة المكلفة بالتشريع بمجلس النواب؛

– التوفر على وسائل ملائمة للنهوض بمهامها المؤسسية؛

– المساهمة الفاعلة في الدبلوماسية البرلمانية، للدفاع عن القضايا العادلة للوطن ومصالحه الحيوية؛

   - 이 헌법 제7조 규정에 따라 구성된 정당을 통해
남 · 녀 국민들의 조직과 대표에 참여
   - 헌법 규정의 범위 내에서 지방, 지역, 국가의 민주적
교체 방식에 따라 권한 행사

야당들은 실제적이고 건설적인 방식으로 의회 업무에 참여해야 한다.

야당들의 이러한 권리 행사 방식은 상황에 따라 기본법이나 법률들 또는 두 의회 각각의 내규로 규정한다.

제11조

자유 · 청렴 · 투명 선거는 민주적 대의의 합법적 토대이다.

공권력은 후보자들에 대하여 완전한 중립과 그들 간의 무차별(원칙)을 준수한다.

공공미디어, 선거운동, 투표 활동과 관련된 기본적 자유와

– المساهمة في تأطير وتمثيل المواطنات والمواطنين، من خلال الأحزاب المكونة لها، طبقا لأحكام الفصل ٧ من هذا الدستور؛

– ممارسة السلطة عن طريق التناوب الديمقراطي، محليا وجهويا ووطنيا، في نطاق أحكام الدستور.

يجب على فرق المعارضة المساهمة في العمل البرلماني بكيفية فعالة وبناءة.

تحدد كيفيات ممارسة فرق المعارضة لهذه الحقوق، حسب الحالة، بموجب قوانين تنظيمية أو قوانين أو بمقتضى النظام الداخلي لكل مجلس من مجلسي البرلمان.

(الفصل ١١)

الانتخابات الحرة والنزيهة والشفافة هي أساس مشروعية التمثيل الديمقراطي.

السلطات العمومية ملزمة بالحياد التام إزاء المترشحين، وبعدم التمييز بينهم.

يحدد القانون القواعد التي تضمن الاستفادة، على

권리의 완전한 행사를 공정하게 누리도록 하는 보장책은 법률과 규칙으로 규정한다. 그리고 선거 조직과 관련된 공권력은 이의 시행을 감시한다.

선거에 대한 독립적인 감독과 중립의 조건 및 방식은 국제적으로 인정된 규범에 따라 법률로 규정한다.

선거의 청렴성 · 신뢰성 · 투명성과 관련된 요건과 규정을 위반한 사람은 법률에 의거해 처벌된다.

공권력은 국민들의 선거 참여 독려를 보장하는 수단들을 채택한다.

제12조

헌법과 법률의 준수 범위 내에서 시민사회 조직과 비 정부 기구(NGO)는 설립되고 자유롭게 활동을 수행한다.

사법부의 판결에 의하지 아니하는 한 공권력이 조직과 기

نحو منصف، من وسائل الإعلام العمومية، والممارسة الكاملة للحريات والحقوق الأساسية، المرتبطة بالحملات الانتخابية، وبعمليات التصويت. وتسهر السلطات المختصة بتنظيم الانتخابات على تطبيقها.

يحدد القانون شروط وكيفيات الملاحظة المستقلة والمحايدة للانتخابات، طبقا للمعايير المتعارف عليها دوليا.

كل شخص خالف المقتضيات والقواعد المتعلقة بنزاهة وصدق وشفافية العمليات الانتخابية، يعاقب على ذلك بمقتضى القانون.

تتخذ السلطات العمومية الوسائل الكفيلة بالنهوض بمشاركة المواطنات والمواطنين في الانتخابات.

(الفصل ١٢)

تُؤسس جمعيات المجتمع المدني والمنظمات غير الحكومية وتمارس أنشطتها بحرية، في نطاق احترام الدستور والقانون.

관을 해산하거나 활동을 중단할 수 없다.

공적 문제에 관심을 가진 조직과 비 정부 기구는 참여 민주주의의 테두리 내에서 선출된 기관과 공권력의 결의와 계획 준비에 기여하며, 또한 이의 실행과 평가에 공헌한다. 이러한 기관과 권력은 법률이 규정하는 조건과 방식에 따라 여기에 참여해야 한다.

단체와 비 정부 기관의 조직과 운영은 민주적 원칙에 따라 이루어져야만 한다.

제13조

공권력은 공공정책의 준비, 실행, 집행, 평가에 대비하여 다양한 사회활동가들이 참여할 수 있는 자문기구의 설립을 위해 노력한다.

لا يمكن حل هذه الجمعيات والمنظمات أو توقيفها من لدن السلطات العمومية، إلا بمقتضى مقرر قضائي.

تُساهم الجمعيات المهتمة بقضايا الشأن العام، والمنظمات غير الحكومية، في إطار الديمقراطية التشاركية، في إعداد قرارات ومشاريع لدى المؤسسات المنتخبة والسلطات العمومية، وكذا في تفعيلها وتقييمها. وعلى هذه المؤسسات والسلطات تنظيم هذه المشاركة، طبق شروط وكيفيات يحددها القانون.

يجب أن يكون تنظيم الجمعيات والمنظمات غير الحكومية وتسييرها مطابقا للمبادئ الديمقراطية.

(الفصل ١٣)

تعمل السلطات العمومية على إحداث هيئات للتشاور، قصد إشراك مختلف الفاعلين الاجتماعيين، في إعداد السياسات العمومية وتفعيلها وتنفيذها وتقييمها.

제14조

국민들에게 기본법이 규정하는 참여의 조건과 방식을 보장하고, 입법 분야에서 청원서를 제출할 권리를 보장한다.

제15조

모든 국민들은 국가기관에 청원할 권리를 가진다.
청원에 관한 사항은 법률로 규정한다.

제16조

모로코 왕국은 국제법과 현지국에서 효력이 발효 중인 법률의 준수 테두리 내에서 해외에 거주하는 모로코 국민의 [14] 권리와 합법적인 이익 보호를 위해 노력한다. 또한 그들과의 인간적인, 특히 문화적인 결속을 유지하기 위해 노력하며, 그들의 민족정체성 발전과 보호를 위해 노력한다.

(الفصل ١٤)

للمواطنات والمواطنين، ضمن شروط وكيفيات يحددها قانون تنظيمي، الحق في تقديم ملتمسات في مجال التشريع.

(الفصل ١٥)

للمواطنين والمواطنات الحق في تقديم عرائض إلى السلطات العمومية.

ويحدد قانون تنظيمي شروط وكيفيات ممارسة هذا الحق.

(الفصل ١٦)

تعمل المملكة المغربية على حماية الحقوق والمصالح المشروعة للمواطنين والمواطنات المغاربة المقيمين في الخارج، في إطار احترام القانون الدولي، والقوانين الجاري بها العمل في بلدان الاستقبال. كما تحرص على الحفاظ على الوشائج الإنسانية معهم، ولاسيما الثقافية

국가는 조국인 모로코의 발전에 그들의 기여가 강화될 수 있도록 하고, 그들이 시민이라고 생각하는 체재국의 정부 및 사회와의 우호와 협력의 유대감 강화를 유지한다.

제17조

해외에 거주하는 모로코인은 선거에서 투표권과 입후보권을 포함하여 완전한 시민권을 누린다. 그들은 선거에서 지방, 지역, 국가의 선거 규정과 선거구의 차원에서 후보자가 될 수 있다. 선거 적합성과 부적합성에 관한 특정한 기준은 법률로 규정한다. 또한 체재국으로부터 벗어나 투표권과 입후보권을 효율적으로 행사하는 조건과 방식은 법률로 규정한다.

منها، وتعمل على تنميتها وصيانة هويتهم الوطنية.
تسهر الدولة على تقوية مساهمتهم في تنمية وطنهم
المغرب، وكذا على تمتين أواصر الصداقة والتعاون
مع حكومات ومجتمعات البلدان المقيمين بها أو التي
يعتبرون من مواطنيها.

(الفصل ١٧)

يتمتع المغاربة المقيمون في الخارج بحقوق المواطنة
كاملة، بما فيها حق التصويت والترشيح في الانتخابات.
ويمكنهم تقديم ترشيحاتهم للانتخابات على مستوى
اللوائح والدوائر الانتخابية، المحلية والجهوية والوطنية.
ويحدد القانون المعايير الخاصة بالأهلية للانتخاب
وحالات التنافي. كما يحدد شروط وكيفيات
الممارسة الفعلية لحق التصويت وحق الترشيح، انطلاقا
من بلدان الإقامة.

제18조

공권력은 헌법과 법률에 의해 설립된 자문기구와 양호통치 기관에 해외에 거주하는 모로코인들의 가능한 한 폭넓은 참여를 보장하기 위해 노력한다.

(الفصل ١٨)

تعمل السلطات العمومية على ضمان أوسع مشاركة ممكنة للمغاربة المقيمين في الخارج، في المؤسسات الاستشارية، وهيئات الحكامة الجيدة، التي يحدثها الدستور أو القانون.

제2장
기본 자유와 권리

제19조

남성과 여성은 헌법의 본 장과 다른 규정들에서, 모로코가 조인한 국제 조약과 협정에서, 헌법 규정과 모로코 왕국의 불변성과 법률들의 범위 내에서 언급된 시민 · 정치 · 경제 · 사회 · 문화 · 환경의 권리와 자유를 평등하게 누린다.

국가는 남성과 여성 간의 동등성 원칙을 실현하기 위해 노력한다.

그리고 이러한 목적을 위해 동등함과 모든 형태의 차별에 맞서 싸우는 기구를 설립한다.

الباب الثاني
الحريات والحقوق الأساسية

(الفصل ١٩)

يتمتع الرجل والمرأة، على قدم المساواة، بالحقوق والحريات المدنية والسياسية والاقتصادية والاجتماعية والثقافية والبيئية، الواردة في هذا الباب من الدستور، وفي مقتضياته الأخرى، وكذا في الاتفاقيات والمواثيق الدولية، كما صادق عليها المغرب، وكل ذلك في نطاق أحكام الدستور وثوابت المملكة وقوانينها.

تسعى الدولة إلى تحقيق مبدأ المناصفة بين الرجال والنساء.

وتُحدث لهذه الغاية، هيئة للمناصفة ومكافحة كل أشكال التمييز.

제20조

생명권은 모든 사람의 첫 번째 권리이다. 이 권리는 이 헌법으로 보호한다.

제21조

모든 개인은 자신과 친족의 안전 및 재산 보호에 대한 권리를 가진다.

공권력은 모두에게 보장되는 기본 자유와 권리의 준수 테두리 내에서 주민의 안전과 국토의 안전을 보장한다.

제22조

누구든지 사적이든 공적이든 어떤 상황에서도 신체적 · 정신적 안전을 침해 받지 아니한다.

누구든지 어떠한 명목으로도 인간의 존엄성을 잔인하고 비인간적으로 경시하거나 침해하는 것은 허용되지 아니한다.

(الفصل ٢٠)

الحق في الحياة هو أول الحقوق لكل إنسان. ويحمي القانون هذا الحق.

(الفصل ٢١)

لكل فرد الحق في سلامة شخصه وأقربائه، وحماية ممتلكاته.

تضمن السلطات العمومية سلامة السكان، وسلامة التراب الوطني، في إطار احترام الحريات والحقوق الأساسية المكفولة للجميع.

(الفصل ٢٢)

لا يجوز المس بالسلامة الجسدية أو المعنوية لأي شخص، في أي ظرف، ومن قبل أي جهة كانت، خاصة أو عامة.

لا يجوز لأحد أن يعامل الغير، تحت أي ذريعة، معاملة قاسية أو لا إنسانية أو مهينة أو حاطة بالكرامة

어느 누구에 의하든지 모든 형태의 고문은 법률이 정하는 바에 따라 처벌하는 범죄이다.

제23조

법률이 규정하는 상황과 절차에 의하지 아니하고는 누구든지 체포, 구금, 기소 또는 유죄판결을 받지 아니한다.

강압적이거나 비밀스런 구금 및 강제적인 은폐는 가장 위험한 범죄이며, 이를 위반한 자는 가장 강력한 벌에 처한다.

누구든지 구금을 당한 때에는 즉시 그가 이해할 수 있는 방식으로 구금의 이유와 묵비권이 있음을 즉시 고지 받을 권리를 가진다.

또한 구금된 자는 법률이 정하는 바에 의하여 지체 없이 법률지원을 받을 수 있고 친족과 연락할 수 있다.

무죄추정 원칙과 공정한 재판을 받을 권리는 보장된다.

누구든지 구금된 자는 기본권과 인도적 구금조건을 가진

الإنسانية.

ممارسة التعذيب بكافة أشكاله، ومن قبل أي أحد، جريمة يعاقب عليها القانون.

(الفصل ٢٣)

لا يجوز إلقاء القبض على أي شخص أو اعتقاله أو متابعته أو إدانته، إلا في الحالات وطبقا للإجراءات التي ينص عليها القانون.

الاعتقال التعسفي أو السري والاختفاء القسري، من أخطر الجرائم، وتعرض مقترفيها لأقسى العقوبات.

يجب إخبار كل شخص تم اعتقاله، على الفور وبكيفية يفهمها، بدواعي اعتقاله وبحقوقه، ومن بينها حقه في التزام الصمت. ويحق له الاستفادة، في أقرب وقت ممكن، من مساعدة قانونية، ومن إمكانية الاتصال بأقربائه، طبقا للقانون.

قرينة البراءة والحق في محاكمة عادلة مضمونان.

يتمتع كل شخص معتقل بحقوق أساسية، وبظروف

다.

구금된 자는 교육과 사회복귀 프로그램을 활용할 수 있다.

인종주의, 혐오주의, 폭력에 대한 모든 선동은 금지된다.

대량학살과 인류애에 반하는 기타 범죄, 전쟁 범죄 그리고 인권에 대한 모든 중대하고 계획적인 위반은 법률이 정하는 바에 의하여 처벌된다.

제24조

모든 개인은 각자의 생명을 보호할 권리를 가진다.

거주지는 침해 받지 않는다. 거주지에 대한 조사는 법률이 정한 조건과 절차에 의해서만 이루어 질 수 있다.

어떠한 형태로든 개인의 통신 비밀은 침해 받지 아니한다. 그리고 법원의 명령이나 법률이 정하는 조건과 방식에 따르지 아니하는 한 어느 누구에 대해서도 (통신의) 내용을 전체적으로나 부분적으로 탐지하거나 보도하는 것은 허용되지 않는다.

누구든지 법률이 정하는 바에 의하여 국토 내에서의 이동

اعتقال إنسانية. ويمكنه أن يستفيد من برامج للتكوين وإعادة الإدماج.

يُحظَر كل تحريض على العنصرية أو الكراهية أو العنف. يُعاقب القانون على جريمة الإبادة وغيرها من الجرائم ضد الإنسانية، وجرائم الحرب، وكافة الانتهاكات الجسيمة والممنهجة لحقوق الإنسان.

(الفصل ٢٤)

لكل شخص الحق في حماية حياته الخاصة.

لا تنتهك حرمة المنزل. ولا يمكن القيام بأي تفتيش إلا وفق الشروط والإجراءات، التي ينص عليها القانون. لا تنتهك سرية الاتصالات الشخصية، كيفما كان شكلها. ولا يمكن الترخيص بالاطلاع على مضمونها أو نشرها، كلا أو بعضا، أو باستعمالها ضد أي كان، إلا بأمر قضائي، ووفق الشروط والكيفيات التي ينص عليها القانون.

حرية التنقل عبر التراب الوطني والاستقرار فيه،

과 정착, 출국과 귀국의 자유를 가진다.

제25조

모든 형태의 사상 · 의견 · 표현의 자유는 보장된다.
문학, 예술, 과학 · 기술 연구 분야에서 창작과 보도와 전
시의 자유는 보장된다.

제26조

공권력은 적절한 수단들로 문화적 · 예술적 창작과 과학
적 · 기술적 연구의 성장 및 스포츠 발전을 지원한다. 또
한 독립적인 방식으로 그리고 민주적이고 구체적이고 전
문적인 토대 위에서 이 분야들의 발전과 조직을 위해 노
력한다.

제27조

국민들은 공공행정, 선출된 기구 및 공익사업의 임무를 부

والخروج منه، والعودة إليه، مضمونة للجميع وفق القانون.

(الفصل ٢٥)
حرية الفكر والرأي والتعبير مكفولة بكل أشكالها. حرية الإبداع والنشر والعرض في مجالات الأدب والفن والبحث العلمي والتقني مضمونة.

(الفصل ٢٦)
تُدعم السلطات العمومية بالوسائل الملائمة، تنمية الإبداع الثقافي والفني، والبحث العلمي والتقني والنهوض بالرياضة. كما تسعى لتطوير تلك المجالات وتنظيمها، بكيفية مستقلة، وعلى أسس ديمقراطية ومهنية مضبوطة.

(الفصل ٢٧)
للمواطنين والمواطنات حق الحصول على المعلومات،

여 받은 기관이 보유하고 있는 정보를 취득할 권리를 가진
다.

국방, 국내외로부터의 국가 안전 보호, 개인의 생명, 이 헌
법에 명시된 기본적인 자유와 권리의 침해 예방, 법률이
세밀하게 규정하는 정보의 원천 보호 목적으로 법률에 의
거하지 아니하는 한 정보에 접근할 권리는 제한되지 않는
다.

제28조

언론의 자유는 보장되고, 어떠한 형태의 사전검열도 인정
되지 아니한다.

누구든지 자유롭게 정보와 사상과 의견을 표현할 권리를
가진다. 다만 법률에서 명백히 제한하고 있는 것은 그러하
지 아니하다.

공권력은 독립된 방식, 민주적인 토대, 관련 법률과 도덕
원칙의 바탕 위에 언론 부문의 조직을 장려한다.

الموجودة في حوزة الإدارة العمومية، والمؤسسات المنتخبة، والهيئات المكلفة بمهام المرفق العام.

لا يمكن تقييد الحق في المعلومة إلا بمقتضى القانون، بهدف حماية كل ما يتعلق بالدفاع الوطني، وحماية أمن الدولة الداخلي والخارجي، والحياة الخاصة للأفراد، وكذا الوقاية من المس بالحريات والحقوق الأساسية المنصوص عليها في هذا الدستور، وحماية مصادر المعلومات والمجالات التي يحددها القانون بدقة.

(الفصل ٢٨)

حرية الصحافة مضمونة، ولا يمكن تقييدها بأي شكل من أشكال الرقابة القبلية.

للجميع الحق في التعبير، ونشر الأخبار والأفكار والآراء، بكل حرية، ومن غير قيد، عدا ما ينص عليه القانون صراحة.

تشجع السلطات العمومية على تنظيم قطاع الصحافة، بكيفية مستقلة، وعلى أسس ديمقراطية، وعلى وضع

공적 홍보와 감시 수단의 조직 규정은 법률로 규정한다.

모로코 사회의 언어적 · 문화적 · 정치적 다양성의 존중과 더불어 이러한 수단들의 활용을 보장한다.

이 헌법 제165조 규정에 따라 최고시청각통신기구는 이러한 다양성의 존중을 감독한다.

제29조

모임, 집회, 평화적 시위, 협회 설립, 노동조합과 정당 가입의 자유는 보장된다.

이러한 자유의 행사에 관한 사항은 법률로 규정한다.

파업권은 보장되며, 파업의 행사에 관한 사항은 기본법으로 규정한다.

القواعد القانونية والأخلاقية المتعلقة به.

يحدد القانون قواعد تنظيم وسائل الإعلام العمومية ومراقبتها. ويضمن الاستفادة من هذه الوسائل، مع احترام التعددية اللغوية والثقافية والسياسية للمجتمع المغربي.

وتسهر الهيئة العليا للاتصال السمعي البصري على احترام هذه التعددية، وفق أحكام الفصل ١٦٥ من هذا الدستور.

(الفصل ٢٩)

حريات الاجتماع والتجمهر والتظاهر السلمي، وتأسيس الجمعيات، والانتماء النقابي والسياسي مضمونة. ويحدد القانون شروط ممارسة هذه الحريات.

حق الإضراب مضمون. ويحدد قانون تنظيمي شروط وكيفيات ممارسته.

제30조

법적으로 성년[15]이 된 모든 남녀 국민은 시민적 정치적 권리를 가지며, 선거권을 가진다.

법률은 선거에서 남·녀 간 기회 균등을 장려하는 조항들을 명시한다.

선거는 개인의 권리이자 국민의 의무이다.

외국인들은 법률에 따라 모로코의 국민들에게 인정된 기본적 자유를 누린다.

모로코에 체류하는 외국인들은 법률 조항이나 국제조약의 시행 또는 호혜 관례에 따라 지방 선거에 참여할 수 있다.

해외에서 기소 또는 유죄 판결을 받은 사람의 인도 조건과 망명 권리의 허용 조건은 법률로 규정한다.

제31조

국가, 공공기관, 영토집단[16] 은 국민들이 다음의 권리를 동

(الفصل ٣٠)

لكل مواطنة أو مواطن، الحق في التصويت، وفي الترشح للانتخابات، شرط بلوغ سن الرشد القانونية، والتمتع بالحقوق المدنية والسياسية. وينص القانون على مقتضيات من شأنها تشجيع تكافؤ الفرص بين النساء والرجال في ولوج الوظائف الانتخابية.

التصويت حق شخصي وواجب وطني.

يتمتع الأجانب بالحريات الأساسية المعترف بها للمواطنات والمواطنين المغاربة، وفقا للقانون.

ويمكن للأجانب المقيمين بالمغرب المشاركة في الانتخابات المحلية، بمقتضى القانون أو تطبيقا لاتفاقيات دولية أو ممارسات المعاملة بالمثل.

يحدد القانون شروط تسليم الأشخاص المتابعين أو المدانين لدول أجنبية، وكذا شروط منح حق اللجوء.

(الفصل ٣١)

تعمل الدولة والمؤسسات العمومية والجماعات الترابية،

등하게 이용할 수 있도록 모든 허용된 수단들을 동원하기
위해 노력한다.

- 치료와 건강 관리
- 사회보장, 의료 혜택, 국가의 상호적이거나 조직적인
연대책임
- 접근이 용이한 현대적인 양질의 교육 수혜
- 모로코의 정체성과 견고한 국민적 항구성을 견지하는
교육
- 직업 교육과 신체적 · 예술적 교육 활용
- 적합한 주거
- 직업과 구직 또는 자영업에 대한 정부의 지원
- 자격에 따른 공직 진입
- 수자원[17]과 건강한 환경 속의 삶 수혜
- 지속적인 성장

على تعبئة كل الوسائل المتاحة، لتيسير أسباب استفادة المواطنات والمواطنين، على قدم المساواة، من الحق في:

– العلاج والعناية الصحية؛

– الحماية الاجتماعية والتغطية الصحية، والتضامن التعاضدي أو المنظم من لدن الدولة؛

– الحصول على تعليم عصري ميسر الولوج وذي جودة؛

– التنشئة على التشبث بالهوية المغربية، والثوابت الوطنية الراسخة؛

– التكوين المهني والاستفادة من التربية البدنية والفنية؛

– السكن اللائق؛

– الشغل والدعم من طرف السلطات العمومية في البحث عن منصب شغل، أو في التشغيل الذاتي؛

– ولوج الوظائف العمومية حسب الاستحقاق؛

– الحصول على الماء والعيش في بيئة سليمة؛

– التنمية المستدامة.

제32조

합법적인 결혼[18] 관계를 토대로 한 가정은 사회의 기본 단위이다.

국가는 법률에 의거해 통합과 안정 및 보호를 보장함으로써 가족에 대한 법률적 · 사회적 · 경제적 보호의 보장을 위해 노력한다.

국가는 가족이 처한 상황에 관계없이 모든 어린이들에게 평등한 법적 보호 및 사회적 · 도덕적 관심과 배려를 보장한다.

기본 교육은 어린이의 권리이며 가족과 국가의 의무이다.

가족 · 어린이 자문위원회를 설립한다.

제33조

공권력은 다음을 실현하기 위한 적합한 대책들을 채택한다.

  - 국가의 사회적 · 경제적 · 문화적 · 정치적 발전에 청

(الفصل ٣٢)

الأسرة القائمة على علاقة الزواج الشرعي هي الخلية الأساسية للمجتمع.

تعمل الدولة على ضمان الحماية الحقوقية والاجتماعية والاقتصادية للأسرة، بمقتضى القانون، بما يضمن وحدتها واستقرارها والمحافظة عليها.

تسعى الدولة لتوفير الحماية القانونية، والاعتبار الاجتماعي والمعنوي لجميع الأطفال، بكيفية متساوية، بصرف النظر عن وضعيتهم العائلية.

التعليم الأساسي حق للطفل وواجب على الأسرة والدولة.

يحدث مجلس استشاري للأسرة والطفولة.

(الفصل ٣٣)

على السلطات العمومية اتخاذ التدابير الملائمة لتحقيق ما يلي:

– توسيع وتعميم مشاركة الشباب في التنمية

년들의 참여 확대와 대중화

- 청년들이 적극적이고 집단적인 삶에 융화될 수 있도록 지원하고, 학교나 사회 또는 직업의 적응을 어려워하는 청년들을 지원

- 모든 분야에서 청년들의 창조적이고 혁신적인 잠재력을 발전시키기에 적합한 환경을 제공함으로써 청년들이 문화 · 과학 · 기술 · 예술 · 스포츠 · 여가활동의 접근을 용이하게 함.

이러한 목표를 실현하기 위해 청년 · 집단직업자문위원회를 설립한다.

제34조

공권력은 특별한 보호가 필요한 개인과 집단을 위한 정책을 수립하고 시행한다.

이러한 목적을 위해, 특히 다음의 것을 위해 노력한다.

- 취약한 상황에 처한 여성, 어머니, 어린이 및 노인들에 대한 지원과 대책 마련

الاجتماعية والاقتصادية والثقافية والسياسية للبلاد؛

– مساعدة الشباب على الاندماج في الحياة النشيطة والجمعوية، وتقديم المساعدة لأولئك الذين تعترضهم صعوبة في التكيف المدرسي أو الاجتماعي أو المهني؛

– تيسير ولوج الشباب للثقافة والعلم والتكنولوجيا، والفن والرياضة والأنشطة الترفيهية، مع توفير الظروف المواتية لتفتق طاقاتهم الخلاقة والإبداعية في كل هذه المجالات.

يُحدث مجلس استشاري للشباب والعمل الجمعوي، من أجل تحقيق هذه الأهداف.

(الفصل ٣٤)

تقوم السلطات العمومية بوضع وتفعيل سياسات موجهة إلى الأشخاص والفئات من ذوي الاحتياجات الخاصة. ولهذا الغرض، تسهر خصوصا على ما يلي:

– معالجة الأوضاع الهشة لفئات من النساء والأمهات، وللأطفال والأشخاص المسنين والوقاية

- 신체적·정신적 장애를 가진 자들이 시민 사회에 적응할 수 있도록 지원하여 모든 국민들에게 인정된 자유와 권리를 누릴 수 있도록 함.

제35조

재산권은 법률로 보장된다.

재산권은 경제적 긴급상황이나 사회발전 과정에서 필요성이 인정될 경우에 법률로써 제한할 수 있다. 법률이 명시하고 있는 상황과 절차에 의하지 아니하고서는 재산을 몰수할 수 없다. 국가는 계약의 자유와 자유경쟁을 보장한다. 국가는 사회정의의 강화, 천연자원[19] 보호, 인류의 지속적인 성장 및 미래세대의 권리 보호를 위해 노력한다.

누구든지 균등한 기회를 가지며 국가는 소외된 집단에 대해 특별한 보호를 한다.

منها؛

– إعادة تأهيل الأشخاص الذين يعانون من إعاقة جسدية، أو حسية حركية، أو عقلية، وإدماجهم في الحياة الاجتماعية والمدنية، وتيسير تمتعهم بالحقوق والحريات المعترف بها للجميع.

(الفصل ٣٥)

يضمن القانون حق الملكية.

ويمكن الحد من نطاقها وممارستها بموجب القانون، إذا اقتضت ذلك متطلبات التنمية الاقتصادية والاجتماعية للبلاد. ولا يمكن نزع الملكية إلا في الحالات ووفق الإجراءات التي ينص عليها القانون.

تضمن الدولة حرية المبادرة والمقاولة، والتنافس الحر.

كما تعمل على تحقيق تنمية بشرية مستدامة، من شأنها تعزيز العدالة الاجتماعية، والحفاظ على الثروات الطبيعية الوطنية، وعلى حقوق الأجيال القادمة.

تسهر الدولة على ضمان تكافؤ الفرص للجميع،

제36조

이익 상충과 관련된 범죄, 공정한 경쟁을 위반하는 누설된 비밀을 이용한 범죄, 금융과 관련된 범죄는 법률이 정하는 바에 의하여 처벌된다.

공권력은 행정부, 공적 기관의 활동, 통제 받는 공적 기금의 사용 및 공적 거래와 관리에 관한 위반에 대하여 법률이 정하는 바에 따라 감시해야 한다.

영향력과 특혜, 독점과 우월적 지위의 남용 등 자유롭고 공정한 경쟁을 위반하는 행위는 법률이 정하는 바에 의하여 처벌된다.

청렴, 뇌물 예방 및 뇌물과의 전쟁을 위한 국가 기구를 설립한다.

والرعاية الخاصة للفئات الاجتماعية الأقل حظا.

(الفصل ٣٦)

يعاقب القانون على المخالفات المتعلقة بحالات تنازع المصالح، وعلى استغلال التسريبات المخلة بالتنافس النزيه، وكل مخالفة ذات طابع مالي.

على السلطات العمومية الوقاية، طبقا للقانون، من كل أشكال الانحراف المرتبطة بنشاط الإدارات والهيئات العمومية، وباستعمال الأموال الموجودة تحت تصرفها، وبإبرام الصفقات العمومية وتدبيرها، والزجر عن هذه الانحرافات.

يعاقب القانون على الشطط في استغلال مواقع النفوذ والامتياز، ووضعيات الاحتكار والهيمنة، وباقي الممارسات المخالفة لمبادئ المنافسة الحرة والمشروعة في العلاقات الاقتصادية.

تحدث هيئة وطنية للنزاهة والوقاية من الرشوة ومحاربتها.

제37조

모든 국민들은 헌법과 법률을 준수해야 한다. 또한, 권리와 의무가 밀접히 관련되어 있는 책임정신과 시민정신이 깃든 헌법에 의하여 그들의 자유와 권리를 행사한다.

제38조

모든 국민들은 어떠한 적이나 위협에 맞서 조국의 방위[20]와 영토의 통합에 공헌해야 한다.

제39조

모든 사람은 헌법에 명시된 절차에 따라 법률이 제정하고 분배하는 공적 비용을 최대한 부담해야 한다.

제40조

모든 사람은 국가 발전이 필요로 하는 비용과 국가에 닥친

(الفصل ٣٧)

على جميع المواطنات والمواطنين احترام الدستور والتقيد بالقانون، ويتعين عليهم ممارسة الحقوق والحريات التي يكفلها الدستور بروح المسؤولية والمواطنة الملتزمة، التي تتلازم فيها ممارسة الحقوق بالنهوض بأداء الواجبات.

(الفصل ٣٨)

يُساهم كل المواطنات والمواطنين في الدفاع عن الوطن ووحدته الترابية تجاه أي عدوان أو تهديد.

(الفصل ٣٩)

على الجميع أن يتحمل، كل على قدر استطاعته، التكاليف العمومية، التي للقانون وحده إحداثها وتوزيعها، وفق الإجراءات المنصوص عليها في هذا الدستور.

(الفصل ٤٠)

على الجميع أن يتحمل، بصفة تضامنية، وبشكل

재앙과 자연재해로부터 초래되는 비용을 자신들이 가지고 있는 수단에 적합한 형태와 연대 형식으로 부담해야 한다.

يتناسب مع الوسائل التي يتوفرون عليها، التكاليف التي تتطلبها تنمية البلاد، و كذا تلك الناتجة عن الأعباء الناجمة عن الآفات والكوارث الطبيعية التي تصيب البلاد.

제3장
왕정

제41조

국왕은 신자(무슬림)들의 지도자이며 신앙과 종교를 보호하는 보호자이고 종교 행사 수행의 자유를 보장하는 보장자이다.

신자들의 지도자인 국왕은 자신이 제시하는 문제들의 검토를 책임지고 있는 최고울라마위원회[21]를 주재한다.

이 위원회는 정통 이슬람 종교의 원칙 및 규범과 관대한 목적들에 의거해 제기된 문제들에 관해 공식적으로 신뢰받는 파트와(법적 견해)[22]를 발행할 수 있는 유일한 기구이다.

이 위원회의 권한, 구성, 운영 방식은 국왕칙령으로 규정한다.

국왕은 본 조항에 따라 이슬람 신도들에 대한 이마라(지도

الباب الثالث
الملكية

(الفصل ٤١)

الملك، أمير المؤمنين وحامي حمى الملة والدين، والضامن لحرية ممارسة الشؤون الدينية.

يرأس الملك، أمير المؤمنين، المجلس العلمي الأعلى، الذي يتولى دراسة القضايا التي يعرضها عليه.

ويعتبر المجلس الجهة الوحيدة المؤهلة لإصدار الفتاوى التي تعتمد رسميا، في شأن المسائل المحالة عليه، استنادا إلى مبادئ وأحكام الدين الإسلامي الحنيف، ومقاصده السمحة.

تحدد اختصاصات المجلس وتأليفه وكيفيات سيره بظهير.

يمارس الملك الصلاحيات الدينية المتعلقة بإمارة المؤمنين، والمخولة له حصريا، بمقتضى هذا الفصل،

력)[23]와 관련된 종교적 권한과 그에게 제한적으로 부여된 권한을 국왕칙령을 통하여 행사한다.

제42조

국왕은 국가 수반이며 최고 대표자이자 국가연합의 상징이며, 국가의 항구성과 지속성을 보장하는 보증인이고, 국가 기관들 간의 최고 결정자이다. 국왕은 헌법 준수, 헌법적 기관들의 순기능 및 민주적 선출, 국민과 집단의 권리와 의무, 그리고 왕국(모로코)의 국제 조약들의 준수를 감시한다.

국왕은 국가 독립과 정확한 국경 지역 내의 왕국 소유를 보장하는 보증인이다.

국왕은 헌법에서 그에게 부여한 명확한 권한을 통해 국왕칙령에 따라 이러한 임무들을 행사한다.

제41조, 제44조(2항), 제47조(1항과 6항), 제51조, 제57조, 제59조, 제130조(1항과 4항), 제174조에 명시된 것을 제외한 국왕칙령은 총리[24]가 부서한다.

بواسطة ظهائر.

(الفصل ٤٢)

الملك، رئيس الدولة، وممثلها الأسمى، ورمز وحدة الأمة، وضامن دوام الدولة واستمرارها، والحكم الأسمى بين مؤسساتها، يسهر على احترام الدستور، وحسن سير المؤسسات الدستورية، وعلى صيانة الاختيار الديمقراطي، وحقوق وحريات المواطنين والمواطنات والجماعات، وعلى احترام التعهدات الدولية للمملكة.

الملك هو ضامن استقلال البلاد وحوزة المملكة في دائرة حدودها الحقة.

يمارس الملك هذه المهام، بمقتضى ظهائر، من خلال السلطات المخولة له صراحة بنص الدستور.

تُوقع الظهائر بالعطف من قبل رئيس الحكومة، ما عدا تلك المنصوص عليها في الفصول ٤١ و٤٤(الفقرة

제43조

모로코의 왕위와 헌법적 권리는 국왕 생존 시에 장자가 아닌 그의 아들 중에서 다른 아들을 후계자로 임명하지 않는 한, 무함마드 6세[25] 국왕 폐하의 후손들 중 장자에게로, 그 다음에는 그의 장자에게로 연이어 세습된다. 만일 국왕의 후손들 중에 아들이 없다면 왕권은 남자들 가운데 가장 가까운 친척에게로, 그 다음에는 앞에서 언급된 순서와 조건에 따라 그의 아들에게로 계승된다.[26]

제44조

국왕은 18세가 되기 전까지는 성년이 되지 않은 것으로 간주되며, 그가 성년이 될 때까지 섭정위원회가 헌법 개정과 관련된 것을 제외한 국왕의 권한과 헌법적 권리를 행사한

الثانية) و٤٧ (الفقرتان الأولى والسادسة) و٥١ و٥٧ و٥٩ و١٣٠ (الفقرتان الأولى والرابعة) و١٧٤.

(الفصل ٤٣)

إن عرش المغرب وحقوقه الدستورية تنتقل بالوراثة إلى الولد الذكر الأكبر سنا من ذرية جلالة الملك محمد السادس، ثم إلى ابنه الأكبر سنا وهكذا ما تعاقبوا، ما عدا إذا عين الملك قيد حياته خلفا له ولدا آخر من أبنائه غير الولد الأكبر سنا، فإن لم يكن ولد ذكر من ذرية الملك، فالملك ينتقل إلى أقرب أقربائه من جهة الذكور، ثم إلى ابنه طبق الترتيب والشروط السابقة الذكر.

(الفصل ٤٤)

يعتبر الملك غير بالغ سن الرشد قبل نهاية السنة الثامنة عشرة من عمره. وإلى أن يبلغ سن الرشد، يمارس مجلس الوصاية اختصاصات العرش وحقوقه

다. 섭정위원회는 국왕이 20세가 될 때까지 국왕 곁에서 자문기구로서의 역할을 수행한다.

헌법재판소 소장이 섭정위원회를 주재하며, 소장 이외에 총리, 하원의회 의장, 자문의회 의장, 최고사법위원회 전권의장, 최고울라마위원회 사무총장, 국왕이 완전히 자신의 선택으로 임명하는 10명의 위원들로 구성된다.

섭정위원회의 운영 원칙은 기본법으로 규정한다.

제45조
국왕은 연간 왕실 비용[27]을 처리할 수 있다.

제46조
국왕의 인격은 신성불가침이며, 국왕에 대한 존경과 존중은 의무이다.

الدستورية، باستثناء ما يتعلق منها بمراجعة الدستور. ويعمل مجلس الوصاية كهيئة استشارية بجانب الملك حتى يدرك تمام السنة العشرين من عمره.

يرأس مجلس الوصاية رئيس المحكمة الدستورية، ويتركب، بالإضافة إلى رئيسه، من رئيس الحكومة، ورئيس مجلس النواب، ورئيس مجلس المستشارين، والرئيس المنتدب للمجلس الأعلى للسلطة القضائية، والأمين العام للمجلس العلمي الأعلى، وعشر شخصيات يعينهم الملك بمحض اختياره.

قواعد سير مجلس الوصاية تحدد بقانون تنظيمي.

(الفصل ٤٥)

للملك قائمة مدنية.

(الفصل ٤٦)

شخص الملك لا تنتهك حرمته، وللملك واجب التوقير والاحترام.

제47조

국왕은 하원의회 의원 선거를 치루는 정당 중에서 그 결과를 바탕으로 총리를 임명한다.

국왕은 총리의 제청으로 국무위원들[28]을 임명한다.

국왕은 자신의 발의와 총리의 자문 이후 정부의 구성원 가운데 1인이나 그 이상의 위원들을 그들의 직무에서 면직할 수 있다.

총리는 정부의 구성원 가운데 1인이나 그 이상 위원들의 면직을 국왕에게 요청할 수 있다.

총리는 국무위원 개인이나 집단의 사임에 따라 정부 구성원 가운데 1인이나 그 이상 위원들의 면직을 요청할 수 있다.

총리의 사임은 국왕에 의해 정부(내각) 전체의 면직으로 이어진다.

임무가 종료된 정부는 새 정부가 구성될 때까지 현재의 업무를 계속 수행한다.

(الفصل ٤٧)

يعين الملك رئيس الحكومة من الحزب السياسي الذي تصدر انتخابات أعضاء مجلس النواب، وعلى أساس نتائجها.

ويعين أعضاء الحكومة باقتراح من رئيسها.

للملك، بمبادرة منه، بعد استشارة رئيس الحكومة، أن يعفي عضوا أو أكثر من أعضاء الحكومة من مهامهم.

ولرئيس الحكومة أن يطلب من الملك إعفاء عضو أو أكثر، من أعضاء الحكومة.

ولرئيس الحكومة أن يطلب من الملك إعفاء عضو أو أكثر، من أعضاء الحكومة، بناء على استقالتهم الفردية أو الجماعية.

يترتب عن استقالة رئيس الحكومة إعفاء الحكومة بكاملها من لدن الملك.

تواصل الحكومة المنتهية مهامها تصريف الأمور الجارية إلى غاية تشكيل الحكومة الجديدة.

제48조

국왕은 총리와 장관들로 구성된 국무회의를 주재한다.

국무회의는 국왕의 발의나 총리의 요청으로 개최된다.

국왕은 정해진 의제에 대하여 국무회의 의장직을 총리에게 위임할 수 있다.

제49조

국무회의는 다음과 같은 문제들과 내용들을 토의한다.

- 국가 정책의 전략적인 방향
- 헌법 개정안
- 기본법안
- 금융법안의 일반적 방침
- 법률안
- 이 헌법 제71조(2항)에 언급된 사안들

(الفصل ٤٨)

يرأس الملك المجلس الوزاري، الذي يتألف من رئيس الحكومة والوزراء.

ينعقد المجلس الوزاري بمبادرة من الملك، أو بطلب من رئيس الحكومة.

للملك أن يفوض لرئيس الحكومة، بناء على جدول أعمال محدد، رئاسة مجلس وزاري.

(الفصل ٤٩)

يتداول المجلس الوزاري في القضايا والنصوص التالية:

– التوجهات الاستراتيجية لسياسة الدولة؛

– مشاريع مراجعة الدستور؛

– مشاريع القوانين التنظيمية؛

– التوجهات العامة لمشروع قانون المالية؛

– مشاريع القوانين؛

– الإطار المشار إليها في الفصل ٧١(الفقرة الثانية) من هذا الدستور؛

- 일반 사면법안

- 군대 분야와 관련된 규정 문구 법안

- 봉쇄 상황 공표

- 전쟁 선포

- 이 헌법 제104조에 언급된 칙령안

- 모로코은행[29] 은행장, 대사, 주지사, 도지사, 국내 안전 처 책임자, 공적이고 전략적인 기관 및 기구의 책임자와 같은 공무원직에 대해 총리의 제청과 해당 장관의 발의에 의해 임명하며 전략적인 기관 및 시설의 목록은 기본법으로 규정한다.

제50조

국왕은 완전한 동의 이후 정부로 이송되는 다음 날부터 30일 이내에 법률 집행 명령을 공표한다.

– مشروع قانون العفو العام؛

– مشاريع النصوص المتعلقة بالمجال العسكري؛

– إعلان حالة الحصار؛

– إشهار الحرب؛

– مشروع المرسوم المشار إليه في الفصل ١٠٤ من هذا الدستور؛

– التعيين باقتراح من رئيس الحكومة، وبمبادرة من الوزير المعني، في الوظائف المدنية التالية: والي بنك المغرب، والسفراء والولاة والعمال، والمسؤولين عن الإدارات المكلفة بالأمن الداخلي، والمسؤولين عن المؤسسات والمقاولات العمومية الاستراتيجية. وتحدد بقانون تنظيمي لائحة هذه المؤسسات والمقاولات الاستراتيجية.

(الفصل ٥٠)

يصدر الملك الأمر بتنفيذ القانون خلال الثلاثين يوما التالية لإحالته إلى الحكومة بعد تمام الموافقة عليه.

법률 집행 명령이 공표된 법률은 국왕칙령이 공표된 날로
부터 최대 1개월 이내에 관보에 게재된다.

제51조

국왕에게는 제96조, 제97조, 제98조에 명시된 조건에 따라
두 의회나 둘 중 하나를 국왕칙령으로 해산할 권리가 있
다.

제52조

국왕은 국가와 의회를 상대로 연설을 할 수 있다. 연설은
두 의회 앞에서 낭송되며, 두 의회 내부에서는 그의 연설
내용에 대한 어떠한 논쟁도 있을 수 없다.

제53조

국왕은 군 최고사령관이다. 그는 군 직책 임명 권리와 다
른 사람에게 이 권리의 행사를 위임할 권리가 있다.

ينشر القانون الذي صدر الأمر بتنفيذه، بالجريدة الرسمية للمملكة، خلال أجل أقصاه شهر ابتداء من تاريخ ظهير إصداره.

(الفصل ٥١)

للملك حق حل مجلسي البرلمان أو أحدهما بظهير، طبق الشروط المبينة في الفصول ٩٦ و٩٧ و٩٨.

(الفصل ٥٢)

للملك أن يخاطب الأمة والبرلمان، ويتلى خطابه أمام كلا المجلسين، ولا يمكن أن يكون مضمونه موضوع أي نقاش داخلهما.

(الفصل ٥٣)

الملك هو القائد الأعلى للقوات المسلحة الملكية. وله حق التعيين في الوظائف العسكرية، كما له أن يفوض

제54조

국내·외 안보 전략, 긴급 상황 관리, 신뢰할 수 있는 양호 통치 규정의 제정을 감시하는 자문기구의 특성을 가진 최고안보위원회가 설립된다.

국왕은 위원회를 주재하며, 정해진 의제에 따라 총리에게 이 위원회 회의 주재의 권한을 위임할 수 있다.

최고안보위원회의 구성에는 총리 외에도 하원의회 의장, 자문의회 의장, 최고사법위원회 전권의장, 내무부장관, 외무부장관, 법무부장관, 국방부장관, 안보행정기관의 책임자, 왕실군대의 최고 장교, 그들의 참석이 위원회 업무에 유용하다고 판단되는 모든 인사들이 포함된다.

위원회의 조직과 운영 규칙은 내규로 규정한다.

لغيره ممارسة هذا الحق.

(الفصل ٥٤)

يحدث مجلس أعلى للأمن، بصفته هيئة للتشاور بشأن استراتيجيات الأمن الداخلي والخارجي للبلاد، وتدبير حالات الأزمات، والسهر أيضا على مأسسة ضوابط الحكامة الأمنية الجيدة.

يرأس الملك هذا المجلس، وله أن يفوض لرئيس الحكومة صلاحية رئاسة اجتماع لهذا المجلس، على أساس جدول أعمال محدد.

يضم المجلس الأعلى للأمن في تركيبته، علاوة على رئيس الحكومة، ورئيس مجلس النواب، ورئيس مجلس المستشارين، والرئيس المنتدب للمجلس الأعلى للسلطة القضائية، الوزراء المكلفين بالداخلية، والشؤون الخارجية، والعدل، وإدارة الدفاع الوطني، وكذا المسؤولين عن الإدارات الأمنية، وضباط سامين بالقوات المسلحة الملكية، وكل شخصية أخرى يُعتبر

제55조

국왕은 외국과 국제 조직에 대사를 파견하고, 외국 대사들과 국제 조직의 대표들로부터 신임장을 접수한다.

국왕은 조약에 서명하고 이를 비준한다. 그러나 평화나 통합 조약, 국경선을 정하는 조약, 통상조약, 국가의 재정을 필요로 하는 비용을 초래하거나 법적 조치의 채택을 필요로 하는 조약, 국민의 공적·사적 권리 및 자유와 관련된 조약은 법률의 동의가 이루어진 후 비준할 수 있다.

국왕은 비준하기 전에 모든 조약이나 기타 협정을 국회에 제출해야 한다.

만일 국왕, 총리, 하원의회 의장, 자문의회 의장, 제1의회 (하원의회) 의원의 6분의 1, 제2의회(자문의회) 의원 4분의 1이 이를 이송한 직후에 헌법재판소가 국제적 협약(조약이나 협정)이 헌법 위반 조항을 포함하고 있다는 것을

حضورها مفيدا لأشغال المجلس.

ويحدد نظام داخلي للمجلس قواعد تنظيمه وتسييره.

(الفصل ٥٥)

يعتمد الملك السفراء لدى الدول الأجنبية والمنظمات الدولية، ولديه يُعتمد السفراء، وممثلو المنظمات الدولية.

يوقع الملك على المعاهدات ويصادق عليها، غير أنه لا يصادق على معاهدات السلم أو الاتحاد، أو التي تهم رسم الحدود، ومعاهدات التجارة، أو تلك التي تترتب عنها تكاليف تلزم مالية الدولة، أو يستلزم تطبيقها اتخاذ تدابير تشريعية، أو تتعلق بحقوق وحريات المواطنات والمواطنين، العامة أو الخاصة، إلا بعد الموافقة عليها بقانون.

للملك أن يعرض على البرلمان كل معاهدة أو اتفاقية أخرى قبل المصادقة عليها.

إذا صرحت المحكمة الدستورية، إثر إحالة الملك، أو

분명히 밝힌다면, 이 협약에 대한 승인은 헌법 개정 이후
가 아니면 발생하지 않는다.

제56조

국왕은 최고사법위원회를 주재한다.

제57조

국왕은 최고사법위원회의 법관 임명을 국왕칙령으로 승인
한다.

제58조

국왕은 사면권을 행사한다.

رئيس الحكومة، أو رئيس مجلس النواب، أو رئيس مجلس المستشارين، أو سدس أعضاء المجلس الأول، أو ربع أعضاء المجلس الثاني، الأمر إليها، أن التزاما دوليا يتضمن بندا يخالف الدستور، فإن المصادقة على هذا الالتزام لا تقع إلا بعد مراجعة الدستور.

(الفصل ٥٦)
يرأس الملك المجلس الأعلى للسلطة القضائية.

(الفصل ٥٧)
يوافق الملك بظهير على تعيين القضاة من قبل المجلس الأعلى للسلطة القضائية.

(الفصل ٥٨)
يمارس الملك حق العفو.

제59조

국토의 점유권이 위협받거나 헌법 기관의 일상적인 진행을 방해하는 사건이 발생하면, 국왕은 총리, 하원의회 의장, 자문의회 의장, 헌법재판소 소장의 자문과 국가(움마)에 서한을 제출한 이후에 비상사태를 국왕칙령으로 선포할 수 있다. 이를 통해 국왕에게는 영토 통합의 방위와 최단 시간 내에 헌법 기관의 일상적인 기능을 되돌려 놓을 것을 요구하는 절차 채택의 권한이 허용된다.

예외적인 권한(비상사태)이 행사되는 동안 국회는 해산되지 않는다.

이 헌법에 명시된 기본 자유와 권리는 보장된다.

비상사태는 이 사태를 야기했던 원인들이 사라진 직후에 (비상사태) 선포를 결정했던 형식적 절차에 따라 해제된다.

(الفصل ٥٩)

إذا كانت حوزة التراب الوطني مهددة، أو وقع من الأحداث ما يعرقل السير العادي للمؤسسات الدستورية، أمكن للملك أن يُعلن حالة الاستثناء بظهير، بعد استشارة كل من رئيس الحكومة، ورئيس مجلس النواب، ورئيس مجلس المستشارين، ورئيس المحكمة الدستورية، وتوجيه خطاب إلى الأمة. ويُخول الملك بذلك صلاحية اتخاذ الإجراءات، التي يفرضها الدفاع عن الوحدة الترابية، ويقتضيها الرجوع، في أقرب الآجال، إلى السير العادي للمؤسسات الدستورية.

لا يحل البرلمان أثناء ممارسة السلطات الاستثنائية.

تبقى الحريات والحقوق الأساسية المنصوص عليها في هذا الدستور مضمونة.

تُرفع حالة الاستثناء بمجرد انتفاء الأسباب التي دعت إليها، وباتخاذ الإجراءات الشكلية المقررة لإعلانها.

제4장
입법부

의회 조직

제60조

의회는 두 의회, 즉 하원의회와 자문의회로 구성되며, 의원들은 국가로부터 대표권을 획득하고, 그들의 표결 권리는 개인적이며 위임될 수 없다.

야당은 두 의회의 기본적인 구성요소로서, 특히 이 장에 명시된 바에 따라 입법과 감시 역할에 동참한다.

제61조

선거에서 후보자로 지명되었던 사람이 자신의 정치적 소속을 포기하거나, 소속되어 있던 의회집단이나 정파를 포

الباب الرابع
السلطة التشريعية

تنظيم البرلمان

(الفصل ٦٠)

يتكون البرلمان من مجلسين، مجلس النواب ومجلس المستشارين؛ ويستمد أعضاؤه نيابتهم من الأمة، وحقهم في التصويت حق شخصي لا يمكن تفويضه. المعارضة مكون أساسي في المجلسين، وتشارك في وظيفتي التشريع والمراقبة، طبقا لما هو منصوص عليه خاصة في هذا الباب.

(الفصل ٦١)

يجرد من صفة عضو في أحد المجلسين، كل من تخلى عن انتمائه السياسي الذي ترشح باسمه للانتخابات،

기하면 두 의회 중 어느 하나에 소속된 사람은 의원직을 상실한다.

헌법재판소는 해당 의회 의장으로부터의 이송에 의거하여 의석의 결원을 선언하며, 이는 헌법재판소에 이송하는 기간과 절차를 규정하고 있는 해당 의회의 내규에 따른다.

제62조

5년 임기의 하원의회 의원은 보통 · 직접 선거로 선출되며,[30] 의원직은 의회 선거가 있는 다섯 번째 해의 10월 회기가 개회할 때 종료된다.

하원의회 의원 수, 선거제도, 선거 분배 원칙, 선출 적격 조건, 불일치 상황, 대표권 간의 결합 제한 원칙, 선거 분쟁 제도는 기본법으로 규정한다.

하원의회 의장과 사무처 위원, 상임위원회 위원장과 사무처 국장들은 의회 회기 시작 시에, 그리고 언급된 기간의 남은 3년차 4월 회기에서 선출된다.

사무처 위원은 각 정당의 비례대표에 기초하여 선출된다.

أو عن الفريق أو المجموعة البرلمانية التي ينتمي إليها. وتصرح المحكمة الدستورية بشغور المقعد، بناء على إحالة من رئيس المجلس الذي يعنيه الأمر، وذلك وفق أحكام النظام الداخلي للمجلس المعني، الذي يحدد أيضا آجال ومسطرة الإحالة على المحكمة الدستورية.

(الفصل ٦٢)

ينتخب أعضاء مجلس النواب بالاقتراع العام المباشر لمدة خمس سنوات، وتنتهي عضويتهم عند افتتاح دورة أكتوبر من السنة الخامسة التي تلي انتخاب المجلس.

يبين قانون تنظيمي عدد أعضاء مجلس النواب، ونظام انتخابهم، ومبادئ التقسيم الانتخابي، وشروط القابلية للانتخاب، وحالات التنافي، وقواعد الحد من الجمع بين الانتدابات، ونظام المنازعات الانتخابية.

يُنتخب رئيس مجلس النواب وأعضاء المكتب، ورؤساء اللجان الدائمة ومكاتبها، في مستهل الفترة النيابية، ثم في سنتها الثالثة عند دورة أبريل لما تبقى من الفترة

제63조

6년 임기의 자문의회는 최소 90명 이상 최대 120명 이하의 의원들로 구성되며, 다음의 분배 원칙에 따라 보통·간접 투표로 선출된다.

- 5분의 3의 의원은 영토집단들을 대표하며, 왕국의 지역들 간 거주 인구수 비율과 지역들 간 공평성을 고려하여 분배된다. 지역 의회는 모든 의회 차원에서 이 숫자 가운데 지역에 할당된 3분의 1의 의원들을 선출한다. 나머지 3분의 2의 의원은 지역 의회 차원에서 시 의회, 도 의회, 지역 의회의 의원들로 구성되는 선거인단에 의해서 선출된다.

- 5분의 2의 의원은 각 지역에서 전문직회의소와 가장 대표적인 고용주들의 전문기구 선출자로 구성된 선거

المذكورة.

يُنتخب أعضاء المكتب على أساس التمثيل النسبي لكل فريق.

(الفصل ٦٣)

يتكون مجلس المستشارين من ٩٠ عضوا على الأقل، و ١٢٠ عضوا على الأكثر، ينتخبون بالاقتراع العام غير المباشر، لمدة ست سنوات، على أساس التوزيع التالية:

– ثلاثة أخماس الأعضاء يمثلون الجماعات الترابية، يتوزعون بين جهات المملكة بالتناسب مع عدد سكانها، ومع مراعاة الإنصاف بين الجهات. ينتخب المجلس الجهوي على مستوى كل جهة، من بين أعضائه، الثلث المخصص للجهة من هذا العدد. وينتخب الثلثان المتبقيان من قبل هيئة ناخبة تتكون على مستوى الجهة، من أعضاء المجالس الجماعية ومجالس العمالات والأقاليم.

인단 그리고 봉급생활자들의 선거인단들로 구성된 선
거인단들에 의해 선출된다.

자문의회 의원 수, 선거 제도, 각각의 선거인단들이 선출
하는 의원 수, 지역에 대한 의석 분배, 선출 적격 조건, 불
일치 상황, 대표권 간 결합 제한 원칙, 선거 분쟁 제도는 기
본법으로 규정한다.

자문의회 의장과 사무처 위원, 상임위원회 위원장과 사무
처 국장들은 의회 회기 시작 시에, 그리고 의회의 합법적
통치 중반이 종료된 후에 선출된다.

사무처 위원은 각 정당의 비례대표에 기초하여 선출된다.

– خمسان من الأعضاء تنتخبهم، في كل جهة، هيئات ناخبة تتألف من المنتخبين في الغرف المهنية، وفي المنظمات المهنية للمشغلين الأكثر تمثيلية، وأعضاء تنتخبهم على الصعيد الوطني، هيئة ناخبة مكونة من ممثلي المأجورين.

ويبين قانون تنظيمي عدد أعضاء مجلس المستشارين، ونظام انتخابهم، وعدد الأعضاء الذين تنتخبهم كل هيأة ناخبة، وتوزيع المقاعد على الجهات، وشروط القابلية للانتخاب، وحالات التنافي، وقواعد الحد من الجمع بين الانتدابات، ونظام المنازعات الانتخابية.

يُنتخب رئيس مجلس المستشارين وأعضاء المكتب، ورؤساء اللجان الدائمة ومكاتبها، في مستهل الفترة النيابية، ثم عند انتهاء منتصف الولاية التشريعية للمجلس.

ينتخب أعضاء المكتب على أساس التمثيل النسبي لكل فريق.

제64조

의회 의원 어느 누구도 임무를 수행하는 동안 의견 표명이나 표결 행위로 인하여 기소, 조사, 체포, 구금, 소송을 당하지 아니한다. 그러나 표명된 의견이 왕정 체제나 이슬람에 대한 논쟁 표현[31]이거나 국왕에 대한 당연한 존경을 위반한 내용을 포함하고 있는 경우는 그러하지 아니하다.

제65조

의회는 연 중 두 번의 회기를 개회하며, 국왕이 10월 두 번째 금요일에 시작되는 첫 번째 회기 개회식을 주재한다. 두 번째 회기는 4월 두 번째 금요일에 개회된다.

의회가 매 회기 시에 최소한 4개월 지속되면, 회기 종료는 칙령으로 허용된다.

(الفصل ٦٤)

لا يمكن متابعة أي عضو من أعضاء البرلمان، ولا البحث عنه، ولا إلقاء القبض عليه، ولا اعتقاله ولا محاكمته، بمناسبة إبدائه لرأي أو قيامه بتصويت خلال مزاولته لمهامه، ماعدا إذا كان الرأي المعبر عنه يجادل في النظام الملكي أو الدين الإسلامي، أو يتضمن ما يخل بالاحترام الواجب للملك.

(الفصل ٦٥)

يعقد البرلمان جلساته أثناء دورتين في السنة، ويرأس الملك افتتاح الدورة الأولى، التي تبتدئ يوم الجمعة الثانية من شهر أكتوبر، وتُفتتح الدورة الثانية يوم الجمعة الثانية من شهر أبريل.
إذا استمرت جلسات البرلمان أربعة أشهر على الأقل في كل دورة، جاز ختم الدورة بمرسوم.

제66조

의회는 칙령 또는 하원의회 의원 3분의 1의 요청이나 자문의회 의원 대다수의 요청이 있는 경우 임시회기를 소집할 수 있다.

의회의 임시회기는 정해진 의제를 기초로 개회하며, 의제가 포함된 사안들에 대하여 토의를 마친 후 칙령에 의하여 회기는 종료된다.

제67조

장관들은 두 의회 회기와 위원회 회의에 참석할 수 있으며, 이 목적을 위해 그들에 의해 임명된 대표자들부터 지원을 받을 수 있다.

이전 조항에서 언급된 상임위원회 외에, 국왕의 발의나 하원의회 의원 3분의 1의 요청 또는 자문의회 의원 3분의 2의 요청으로 의회 조사위원회들을 구성할 수 있으며, 정해진 사실이나 공익, 기관, 공공시설의 관리와 관련된 정보를 수집하는 업무가 조사위원회들에게 위임되며 업무 결

(الفصل ٦٦)

يمكن جمع البرلمان في دورة استثنائية، إما بمرسوم،
أو بطلب من ثلث أعضاء مجلس النواب، أو بأغلبية
أعضاء مجلس المستشارين.

تعقد دورة البرلمان الاستثنائية على أساس جدول
أعمال محدد، وعندما تتم المناقشة في القضايا التي
يتضمنها جدول الأعمال، تُختم الدورة بمرسوم.

(الفصل ٦٧)

للوزراء أن يحضروا جلسات كلا المجلسين واجتماعات
لجانهما، ويمكنهم أن يستعينوا بمندوبين يعينونهم لهذا
الغرض.

علاوة على اللجان الدائمة المشار إليها في الفقرة
السابقة، يجوز أن تشكل بمبادرة من الملك، أو بطلب
من ثلث أعضاء مجلس النواب، أو ثلث أعضاء مجلس
المستشارين، لجان نيابية لتقصي الحقائق، يُناط بها
جمع المعلومات المتعلقة بوقائع معينة، أو بتدبير المصالح

과를 조사위원회를 구성한 의회에 통보한다.

그러나 조사위원회들은 사건이 기소되어 있고 기소가 진행 중일 경우 구성될 수 없으며, 이미 구성된 조사위원회의 임무는 조사위원회의 구성을 필요로 하는 사건의 법적 조사가 시작되는 즉시 종료된다.

조사위원회들은 성격상 임시적이며, 해당 의회 사무처에 이의 보고서가 보관됨으로써 업무가 종료되는데, 필요 시에는 의회 의장으로부터 사법부에 보고서가 이송되면 종료된다.

조사위원회들의 보고서 토의를 위하여 해당 의회 내에 공청회를 지정한다.

위원회들의 진행 방식은 기본법으로 규정한다.

제68조

두 의회의 회기는 공개하며, 일반 회기의 회의록은 의회

أوالمؤسسات والمقاولات العمومية، وإطلاع المجلس الذي شكلها على نتائج أعمالها.

ولا يجوز تكوين لجان لتقصي الحقائق في وقائع تكون موضوع متابعات قضائية، ما دامت هذه المتابعات جارية؛ وتنتهي مهمة كل لجنة لتقصي الحقائق، سبق تكوينها، فور فتح تحقيق قضائي في الوقائع التي اقتضت تشكيلها.

لجان تقصي الحقائق مؤقتة بطبيعتها، وتنتهي أعمالها بإيداع تقريرها لدى مكتب المجلس المعني، وعند الاقتضاء، بإحالته إلى القضاء من قبل رئيس هذا المجلس.

تخصص جلسة عمومية داخل المجلس المعني لمناقشة تقارير لجان تقصي الحقائق.

يحدد قانون تنظيمي طريقة تسيير هذه اللجان.

(الفصل ٦٨)

جلسات مجلسي البرلمان عمومية، وينشر محضر

관보에 게재된다.

두 의회 각각은 총리의 요청이나 의원 3분의 1의 요청으로 비공개 회의를 개최할 수 있다.

의회 위원회의 회의는 비공개이며, 위원회가 공개적으로 개최할 수 있는 상황과 규정은 두 의회의 내규로 규정한다.

특별히 다음과 같은 상황에서는 두 의회가 공동 회의를 개최한다.

- 10월 두 번째 금요일에 국왕의 국회 회기 개회와 국왕의 대 국회 연설 청취
- 헌법 제174조 규정에 따른 헌법 개정의 승인
- 총리가 내 놓는 성명서 청취
- 연간 금융법안 제출

مناقشات الجلسات العامة برمته في الجريدة الرسمية للبرلمان.

لكل من المجلسين أن يعقد اجتماعات سرية، بطلب من رئيس الحكومة، أو بطلب من ثلث أعضائه.

جلسات لجان البرلمان سرية، ويحدد النظام الداخلي لمجلسي البرلمان الحالات والضوابط التي يمكن أن تنعقد فيها اللجان بصفة علنية.

يعقد البرلمان جلسات مشتركة بمجلسيه، وعلى وجه الخصوص، في الحالات التالية:

– افتتاح الملك للدورة التشريعية في الجمعة الثانية من شهر أكتوبر، والاستماع إلى الخطب الملكية الموجهة للبرلمان؛

– المصادقة على مراجعة الدستور وفق أحكام الفصل ١٧٤؛

– الاستماع إلى التصريحات التي يقدمها رئيس الحكومة؛

– عرض مشروع قانون المالية السنوي؛

- 외국의 대통령과 총리의 연설 청취

또한 하원의회와 자문의회의 의장들은 중요한 국가적 특성을 지닌 문제들과 관련된 보고를 청취하기 위해 의회 공동 회의 개최를 총리에게 요청할 수 있다.

공동 회의는 하원의회 의장의 주재로 개최된다. 회의 개최의 방식과 규정은 두 의회의 내규로 규정한다.

공동 회의 외에도 의회 상임위원회들은 두 의회의 내규가 정하고 있는 규정에 따라 중요한 국가적 특성을 지닌 문제들과 관련 보고를 청취하기 위해 공동 회의를 개최할 수 있다.

제69조

두 의회 각각은 내규를 제정하고, 이를 표결로 승인한다. 그러나 헌법재판소가 헌법 규정에 적합하다는 것을 선포

– الاستماع إلى خطب رؤساء الدول والحكومات الأجنبية.

كما يمكن لرئيس الحكومة أن يطلب من رئيسي مجلسي النواب والمستشارين عقد اجتماعات مشتركة للبرلمان، للاستماع إلى بيانات تتعلق بقضايا تكتسي طابعا وطنيا هاما.

تنعقد الاجتماعات المشتركة برئاسة رئيس مجلس النواب. ويحدد النظام الداخلي للمجلسين كيفيات وضوابط انعقادها.

علاوة على الجلسات المشتركة، يمكن للجان الدائمة للبرلمان، أن تعقد اجتماعات مشتركة للاستماع إلى بيانات تتعلق بقضايا تكتسي طابعا وطنيا هاما، وذلك وفق ضوابط يحددها النظامان الداخليان للمجلسين.

(الفصل ٦٩)

يضع كل من المجلسين نظامه الداخلي ويقره بالتصويت، إلا أنه لا يجوز العمل به إلا بعد أن تصرح المحكمة

한 이후가 아니고서는 효력 발생이 허용되지 않는다.

두 의회는 내규를 제정함에 있어 두 의회의 균형과 통합을 고려하고 의회 업무의 성과를 보장한다.

내규는 특히 다음과 같은 규정들을 정한다.

- 의회 정파와 의회 집단(정당)의 구성과 운영, 가입 규정과 야당에게 인정된 특권
- 의원들이 위원회 업무와 일반 회기에 실제적으로 참여해야 할 의무와 불참시에 적용되는 처벌
- 이 헌법 제10조의 필요성을 고려하여 최소한 야당에 속한 하나 또는 두 개의 위원회 주재로 상임위원회의 수, 권한, 조직

الدستورية بمطابقته لأحكام هذا الدستور.

يتعين على المجلسين، في وضعهما لنظاميهما الداخليين، مراعاة تناسقهما وتكاملهما، ضمانا لنجاعة العمل البرلماني.

يحدد النظام الداخلي بصفة خاصة:

– قواعد تأليف وتسيير الفرق والمجموعات البرلمانية والانتساب إليها، والحقوق الخاصة المعترف بها لفرق المعارضة؛

– واجبات الأعضاء في المشاركة الفعلية في أعمال اللجان والجلسات العامة، والجزاءات المطبقة في حالة الغياب؛

– عدد اللجان الدائمة واختصاصها وتنظيمها، مع تخصيص رئاسة لجنة أو لجنتين للمعارضة، على الأقل، مع مراعاة مقتضيات الفصل ١٠ من هذا الدستور.

의회의 권한

제70조

의회는 입법권을 행사한다.

의회는 법률을 표결하며, 정부 업무를 감시하고, 공공정책을 평가한다.

정부가 특정 목적을 위하여 특정 기간의 상황에서 칙령에 따라 칙령을 채택함으로써 보통 법률에 속하는 조치를 취하는 것은 법률로 허용되며, 이는 칙령의 공표 즉시 효력을 발생한다. 그러나 수권법[32]이 공표를 정한 기간이 만료되면 승인을 위해 의회로 제출되어야 하며, 두 의회나 그 중 하나가 해산되면 수권법은 폐기된다.

제71조

헌법의 다른 조항들에 명백하게 명시되고 있는 사안들 외에도 법률(의회)은 다음 사안들에 대한 입법권을 가진다.

سلطات البرلمان

(الفصل ٧٠)

يمارس البرلمان السلطة التشريعية.

يصوت البرلمان على القوانين، ويراقب عمل الحكومة، ويقيم السياسات العمومية.

للقانون أن يأذن للحكومة أن تتخذ في ظرف من الزمن محدود، ولغاية معينة، بمقتضى مراسيم تدابير يختص القانون عادة باتخاذها، ويجري العمل بهذه المراسيم بمجرد نشرها. غير أنه يجب عرضها على البرلمان بقصد المصادقة، عند انتهاء الأجل الذي حدده قانون الإذن بإصدارها، ويبطل قانون الإذن إذا ما وقع حل بمجلسي البرلمان أو أحدهما.

(الفصل ٧١)

يختص القانون، بالإضافة إلى المواد المسندة إليه صراحة بفصول أخرى من الدستور، بالتشريع في الميادين التالية:

- 서문과 이 헌법의 다른 조항들에 명시된 기본 권리와 자유
- 가족법과 시민 지위
- 의료체계의 원칙과 기초
- 다양한 형태의 언론(시청각 매체, 신문) 제도
- 일반사면
- 국적과 외국인 지위
- 범죄의 규정과 그에 따른 처벌
- 사법부의 조직과 법원의 새로운 유형 설치
- 민사 절차와 형사 절차
- 교도소 체계
- 공적 기능을 위한 기본 공공제도
- 공무원과 군공무원에게 허용되는 기초 보장책
- 복지제도와 보안유지군

– الحقوق والحريات الأساسية المنصوص عليها في التصدير، وفي فصول أخرى من هذا الدستور؛

– نظام الأسرة والحالة المدنية؛

– مبادئ وقواعد المنظومة الصحية؛

– نظام الوسائط السمعية البصرية والصحافة بمختلف أشكالها؛

– العفو العام؛

– الجنسية ووضعية الأجانب؛

– تحديد الجرائم والعقوبات الجارية عليها؛

– التنظيم القضائي وإحداث أصناف جديدة من المحاكم؛

– المسطرة المدنية والمسطرة الجنائية؛

– نظام السجون؛

– النظام الأساسي العام للوظيفة العمومية؛

– الضمانات الأساسية الممنوحة للموظفين المدنيين والعسكريين؛

– نظام مصالح وقوات حفظ الأمن؛

- 영토집단 제도와 영토 구역 규정 원칙
- 영토집단을 위한 선거제도와 선거 구역 분할 원칙
- 조세제도, 과세기준, 이의 양 그리고 징수 방법
- 화폐[33] 발행을 위한 법 제도와 중앙은행 제도
- 관세 제도
- 민사 및 통상 의무 제도와 회사 및 협동조합법
- 부동산 권리와 공적 · 사적 · 집단적 부동산 소유권 제도
- 운송 제도
- 노동 관계, 사회보장, 업무 사고, 직업병
- 은행, 보험회사, 상호 협력 제도

- نظام الجماعات الترابية، ومبادئ تحديد دوائرها الترابية؛
- النظام الانتخابي للجماعات الترابية، ومبادئ تقطيع الدوائر الانتخابية؛
- النظام الضريبي، ووعاء الضرائب، ومقدارها وطرق تحصيلها؛
- النظام القانوني لإصدار العملة ونظام البنك المركزي؛
- نظام الجمارك؛
- نظام الالتزامات المدنية والتجارية، وقانون الشركات والتعاونيات؛
- الحقوق العينية وأنظمة الملكية العقارية العمومية والخاصة والجماعية؛
- نظام النقل؛
- علاقات الشغل، والضمان الاجتماعي، وحوادث الشغل، والأمراض المهنية؛
- نظام الأبناك وشركات التأمين والتعاضديات؛

- 정보 · 통신 기술 제도

- 개간, 토지 관리

- 환경 관리, 천연자원 보호, 지속 성장과 관련된 규정

- 수자원, 산림, 수렵 제도

- 교육, 과학 연구, 직업 지도 분야를 위한 방향과 일반
규범 제정

- 공공기관과 공법상의 모든 법인 설립

- 기관들의 국유화와 사유화 제도

의회는 이전 조항에서 언급된 분야들 외에도 경제적 · 사회적 · 환경적 · 문화적 분야들 중 국가 활동의 기본 목표의 틀이 되는 법률들에 대해 표결권을 갖는다.

제72조

법의 관할이 포함하지 않는 사안들은 규제 영역에 속한다.

– نظام تكنولوجيا المعلومات والاتصالات؛

– التعمير وإعداد التراب؛

– القواعد المتعلقة بتدبير البيئة وحماية الموارد الطبيعية والتنمية المستدامة؛

– نظام المياه والغابات والصيد؛

– تحديد التوجهات والتنظيم العام لميادين التعليم والبحث العلمي والتكوين المهني؛

– إحداث المؤسسات العمومية وكل شخص اعتباري من أشخاص القانون العام؛

– تأميم المنشآت ونظام الخوصصة.

للبرلمان، بالإضافة إلى الميادين المشار إليها في الفقرة السابقة، صلاحية التصويت على قوانين تضع إطارا للأهداف الأساسية لنشاط الدولة، في الميادين الاقتصادية والاجتماعية والبيئية والثقافية.

(الفصل ٧٢)

يختص المجال التنظيمي بالمواد التي لا يشملها اختصاص

제73조

법률의 형식을 가진 문서는 헌법재판소가 동의한 후에 칙령에 의하여 변경될 수 있다. 다만, 그것의 내용이 입법부가 그의 권한을 행사하는 어느 한 분야에라도 포함될 경우에 그러하다.

제74조

계엄은 총리가 부서한 왕의 칙령에 의하여 30일동안 선포될 수 있다. 이 기간은 법률이 정하는 경우에만 한하여 연장할 수 있다.

제75조

하원의회에 우선적으로 보관되었던 금융법은 기본법에 명시된 조건에 따라서 의회 표결로 공표되고, 이 기본법은 금융법안에 관한 의회의 토의 강화에 필요한 정보, 문서,

القانون.

(الفصل ٧٣)

يمكن تغيير النصوص التشريعية من حيث الشكل بمرسوم، بعد موافقة المحكمة الدستورية، إذا كان مضمونها يدخل في مجال من المجالات التي تمارس فيها السلطة التنظيمية اختصاصها.

(الفصل ٧٤)

يمكن الإعلان لمدة ثلاثين يوما عن حالة الحصار، بمقتضى ظهير يوقعه بالعطف رئيس الحكومة، ولا يمكن تمديد هذا الأجل إلا بالقانون.

(الفصل ٧٥)

يصدر قانون المالية، الذي يودع بالأسبقية لدى مجلس النواب، بالتصويت من قبل البرلمان، وذلك طبق الشروط المنصوص عليها في قانون تنظيمي؛ ويحدد

논거 및 자료의 성격을 정한다.

의회는 정부가 준비하고 의회에 통보한 전략적인 발전 계획과 다년간의 계획 집행에 요구되는 준비 경비에 대해 단한 차례 표결을 한다. 의회가 이 비용들에 대한 동의를 하면 이러한 계획 기간 동안에 지출되는 비용에 대한 동의 효력은 자동적으로 지속된다. 정부만이 언급된 테두리 내에서 동의가 이루어진 것에 대한 변경을 의도하는 법률안을 제출할 권한을 가진다.

만일 회계연도 종료까지 헌법 제132조에 따라 헌법재판소로의 금융법 이송으로 인해 이에 대한 표결이나 시행 공표가 이루어지지 않았다면, 정부는 승인을 위해 제출된 예산안을 기초로 하여 공공시설 운영과 이와 관련된 임무 수행에 필요한 신용장을 칙령으로 개설한다.

هذا القانون التنظيمي طبيعة المعلومات والوثائق والمعطيات الضرورية لتعزيز المناقشة البرلمانية حول مشروع قانون المالية.

يصوت البرلمان مرة واحدة على نفقات التجهيز التي يتطلبها، في مجال التنمية، إنجاز المخططات التنموية الاستراتيجية، والبرامج متعددة السنوات، التي تعدها الحكومة وتطلع عليها البرلمان، وعندما يوافق على تلك النفقات، يستمر مفعول الموافقة تلقائيا على النفقات طيلة مدة هذه المخططات والبرامج وللحكومة وحدها الصلاحية لتقديم مشاريع قوانين ترمي إلى تغيير ما تمت الموافقة عليه في الإطار المذكور.

إذا لم يتم في نهاية السنة المالية التصويت على قانون المالية أو لم يصدر الأمر بتنفيذه، بسبب إحالته إلى المحكمة الدستورية، تطبيقا للفصل ١٣٢ من الدستور، فإن الحكومة تفتح بمرسوم الاعتمادات اللازمة لسير المرافق العمومية، والقيام بالمهام المنوطة بها، على أساس ما هو مقترح في الميزانية المعروضة على الموافقة.

이러한 상황에서 소득 추출의 업무는 현재의 입법과 규제의 규정을 토대로 하며, 금융법안에서 폐기를 제안한 소득은 예외이다. 소득 금액의 삭감에 대해 언급된 안을 명시하고 있는 소득은 제안된 새로운 금액을 기초로 하여 추출될 것이다.

제76조

정부는 이 법의 시행에 뒤 이은 제2차년도 동안 금융법의 시행과 관련된 청산법을 의회에 매년 제출한다. 이 청산법은 시행 기간이 종료된 예산의 대차대조표를 포함한다.

제77조

의회와 정부는 국가 재정의 균형 유지를 위해 노력한다.

정부는 의회 의원들이 제출하는 제안이나 개정안의 수용이 금융법과 관련하여 공적 자원의 감소나 공적 비용의 발

ويسترسل العمل، في هذه الحالة، باستخلاص المداخيل طبقا للمقتضيات التشريعية والتنظيمية الجارية عليها، باستثناء المداخيل المقترح إلغاؤها في مشروع قانون المالية؛ أما المداخيل التي ينص المشروع المذكور على تخفيض مقدارها، فتُستخلص على أساس المقدار الجديد المقترح.

(الفصل ٧٦)

تعرض الحكومة سنويا على البرلمان، قانون التصفية المتعلق بتنفيذ قانون المالية، خلال السنة الثانية التي تلي سنة تنفيذ هذا القانون. ويتضمن قانون التصفية حصيلة ميزانيات التجهيز التي انتهت مدة نفادها.

(الفصل ٧٧)

يسهر البرلمان والحكومة على الحفاظ على توازن مالية الدولة.

وللحكومة أن ترفض، بعد بيان الأسباب، المقترحات

생이나 증가를 초래한다면 원인을 규명한 이후 이들의 제
안들과 개정안들을 거부할 수 있다.

والتعديلات التي يتقدم بها أعضاء البرلمان، إذا كان قبولها يؤدي بالنسبة لقانون المالية إلى تخفيض الموارد العمومية، أو إلى إحداث تكليف عمومي، أو الزيادة في تكليف موجود.

입법권 행사

제78조

총리와 의회 의원은 법률안을 제출할 수 있다.

법률안은 하원의회 사무국에 우선적으로 보관해 두지만, 특히 영토집단, 지역 발전, 사회적 문제와 관련된 법률안은 자문의회 사무국에 우선적으로 보관된다.

제79조

정부는 법률 분야에 포함되지 않는 모든 제안이나 개정안은 거부할 수 있다.

이 사안에 대한 모든 이견은 두 의회 의장들 중의 한 명이나 총리의 요청으로 헌법재판소가 8일 이내에 결정한다.

ممارسة السلطة التشريعية

(الفصل ٧٨)

لرئيس الحكومة ولأعضاء البرلمان على السواء حق التقدم باقتراح القوانين.

تودع مشاريع القوانين بالأسبقية لدى مكتب مجلس النواب، غير أن مشاريع القوانين المتعلقة، على وجه الخصوص، بالجماعات الترابية وبالتنمية الجهوية، وبالقضايا الاجتماعية، تودع بالأسبقية لدى مكتب مجلس المستشارين.

(الفصل ٧٩)

للحكومة أن تدفع بعدم قبول كل مقترح أو تعديل لا يدخل في مجال القانون.

كل خلاف في هذا الشأن تبت فيه المحكمة الدستورية، في أجل ثمانية أيام، بطلب من أحد رئيسي المجلسين، أو من رئيس الحكومة.

제80조

법률안과 법률제안은 검토를 위하여, 회기들 사이의 휴회 기간 동안에 업무를 수행하고 있는 위원회에 회부한다.

제81조

정부는 회기들 사이의 휴회 기간 동안에 사안이 두 의회 모두와 관련이 있는 위원회들의 동의로 법령을 공표할 수 있는데, 그 다음 일반 회기 동안 이에 대한 승인을 위해 의회에 제출되어야 한다.

하원의회 사무국에 제출된 법령안은 6일 이내에, 양 의회의 해당 의회가 공통 결정에 도달할 목적으로 토의하며, 합의에 이르지 못하면 하원의회의 결정은 해당 위원회로 회부한다.

(الفصل ٨٠)

تحال مشاريع ومقترحات القوانين لأجل النظر فيها على اللجان التي يستمر عملها خلال الفترات الفاصلة بين الدورات.

(الفصل ٨١)

يمكن للحكومة أن تصدر، خلال الفترة الفاصلة بين الدورات، وباتفاق مع اللجان التي يعنيها الأمر في كلا المجلسين، مراسيم قوانين، يجب عرضها بقصد المصادقة عليها من طرف البرلمان، خلال دورته العادية الموالية.

يودع مشروع المرسوم بقانون لدى مكتب مجلس النواب، وتناقشه بالتتابع اللجان المعنية في كلا المجلسين، بغية التوصل داخل أجل ستة أيام، إلى قرار مشترك بينهما في شأنه. وإذا لم يحصل هذا الاتفاق، فإن القرار يرجع إلى اللجنة المعنية في مجلس النواب.

제82조

두 의회의 사무국은 각각 의제를 정한다. 이 의제에는 우선권에 의해 그리고 정부가 정하는 순서에 따라 법률안과 법률제안이 포함된다.

적어도 한 달에 하루는 야당에서 제출된 법률안 검토에 전념한다.

제83조

두 의회 의원들과 정부에게는 개정권이 있다.

정부는 해당 위원회에 미리 제출되지 아니한 모든 개정안에 대하여 토의 개시 이후에 거부할 수 있다.

의회는 토론을 거친 개정안에 대하여 정부의 요청이 있을 경우, 정부에 의하여 제안되거나 수락된 개정안에 한하여, 그 안의 전부 또는 일부분에 대하여 단 한번의 표결로 결정할 수 있다. 다만, 그 사안과 관련된 의회는 다수결로 이

(الفصل ٨٢)

يضع مكتب كل من مجلسي البرلمان جدول أعماله.
ويتضمن هذا الجدول مشاريع القوانين ومقترحات
القوانين، بالأسبقية ووفق الترتيب الذي تحدده
الحكومة.

يُخصص يوم واحد على الأقل في الشهر لدراسة
مقترحات القوانين، ومن بينها تلك المقدمة من قبل
المعارضة.

(الفصل ٨٣)

لأعضاء مجلسي البرلمان وللحكومة حق التعديل.
وللحكومة، بعد افتتاح المناقشة، أن تعارض في بحث
كل تعديل لم يُعرض من قبل على اللجنة التي يعنيها
الأمر.

يبت المجلس المعروض عليه النص، بتصويت واحد،
في النص المتناقش فيه، كله أو بعضه إذا ما طلبت
الحكومة ذلك، مع الاقتصار على التعديلات المقترحة

절차에 반대할 수 있다.

제84조

모든 법률안은 양 의회에서 동일한 결론을 채택하기까지 지속적으로 토의된다.

하원의회는 하원의원들이 발의한 법률안을 우선적으로 토의하고, 자문의회는 자문의원들이 발의한 법률안을 우선적으로 토의하되, 각 의회는 다른 의회에서 표결한 규정에 대하여 토의한다. 다만, 그 규정은 다른 의회에서 이송된 것에 한한다.

결정된 규정에 대한 최종 표결은 하원의회로 회부되고, 만일 그 사안이 영토집단, 지역 발전 및 사회적 문제를 지닌 분야들과 관련되어 있다면 출석 의원 절대 다수결로 투표가 이루어진다.

أو المقبولة من قبلها. وبإمكان المجلس المعني بالأمر أن يعترض على هذه المسطرة بأغلبية أعضائه.

(الفصل ٨٤)

يتداول مجلسا البرلمان بالتتابع في كل مشروع أو مقترح قانون، بغية التوصل إلى المصادقة على نص واحد؛ ويتداول مجلس النواب بالأسبقية، وعلى التوالي، في مشاريع القوانين، وفي مقترحات القوانين التي قدمت بمبادرة من أعضائه. ويتداول مجلس المستشارين بدوره بالأسبقية، وعلى التوالي، في مشاريع القوانين، وكذا في مقترحات القوانين التي هي من مبادرة أعضائه؛ ويتداول كل مجلس في النص الذي صوت عليه المجلس الآخر في الصيغة التي أحيل بها عليه.

ويعود لمجلس النواب التصويت النهائي على النص الذي تم البت فيه، ولا يقع هذا التصويت إلا بالأغلبية المطلقة لأعضائه الحاضرين، إذا تعلق الأمر بنص يخص الجماعات الترابية، والمجالات ذات الصلة بالتنمية

제85조

하원의회에 의한 기본 법안들과 제안들에 대한 토의는 사무처에 맡긴 이후 10일이 경과하지 아니하거나 제84조에 언급된 절차에 따르지 아니하고서는 이루어지지 않으며, 해당 의회의 출석 의원 절대 다수결로 최종적인 승인이 이루어진다. 그러나 만일 그 사안이 자문의회나 영토집단과 관련된 기본 법률안이나 제안과 관계되어 있다면 표결은 하원의회 의원 다수결로 이루어진다.

자문의회와 관련된 기본법의 승인은 양 의회가 동일한 방식으로 표결해야 한다.

기본법의 시행은 헌법재판소가 헌법과의 적합성을 선포한 후에 공표되어야 한다.

الجهوية والشؤون الاجتماعية.

(الفصل ٨٥)

لا يتم التداول في مشاريع ومقترحات القوانين التنظيمية من قبل مجلس النواب، إلا بعد مضي عشرة أيام على وضعها لدى مكتبه، ووفق المسطرة المشار إليها في الفصل ٨٤؛ وتتم المصادقة عليها نهائيا بالأغلبية المطلقة للأعضاء الحاضرين من المجلس المذكور؛ غير أنه إذا تعلق الأمر بمشروع أو بمقترح قانون تنظيمي يخص مجلس المستشارين أو الجماعات الترابية، فإن التصويت يتم بأغلبية أعضاء مجلس النواب.

يجب أن يتم إقرار القوانين التنظيمية المتعلقة بمجلس المستشارين، باتفاق بين مجلسي البرلمان، على نص موحد.

لا يمكن إصدار الأمر بتنفيذ القوانين التنظيمية، إلا بعد أن تصرح المحكمة الدستورية بمطابقتها للدستور.

제86조

이 헌법에 명시된 기본법안은 이 헌법이 공표된 후 첫 번째 의회의 회기를 초과하지 않는 기간 내에 의회 승인을 위하여 제출되어야만 한다.

(الفصل ٨٦)

تعرض مشاريع القوانين التنظيمية المنصوص عليها في هذا الدستور وجوبا قصد المصادقة عليها من قبل البرلمان، في أجل لا يتعدى مدة الولاية التشريعية الأولى التي تلي صدور الأمر بتنفيذ هذا الدستور.

제5장
행정부

제87조

정부는 총리와 장관 및 국무위원들로 구성된다.

특히 조직, 정부 업무 수행, 구성원들의 법적 지위와 관련된 규정들은 기본법으로 규정한다.

정부 기능과의 불일치 상황, 직책들 간 통합의 한계 규정, 진행 중인 사안에 대한 정부의 업무 종료 처리 규정 등은 이 기본법으로 규정한다.

제88조

국왕은 정부 구성원들을 임명한 후에 두 의회 회의에서 총리를 소개하고 자신이 실천을 결심한 계획을 제출한다.

الباب الخامس
السلطة التنفيذية

(الفصل ٨٧)

تتألف الحكومة من رئيس الحكومة والوزراء، ويمكن أن تضم كتابا للدولة.

يُحدد قانون تنظيمي، خاصة، القواعد المتعلقة بتنظيم وتسيير أشغال الحكومة والوضع القانوني لأعضائها.

ويحدد هذا القانون التنظيمي أيضا حالات التنافي مع الوظيفة الحكومية، وقواعد الحد من الجمع بين المناصب، والقواعد الخاصة بتصريف الحكومة المنتهية مهامها للأمور الجارية.

(الفصل ٨٨)

بعد تعيين الملك لأعضاء الحكومة، يتقدم رئيس الحكومة أمام مجلسي البرلمان مجتمعين، ويعرض

이 계획은 국가의 다양한 활동 분야에서 그리고 특히 경제적 · 사회적 · 환경적 · 문화적 · 외교적 정책 분야에서 정부가 실행을 의도하는 업무에 대한 주요 계획을 포함해야만 한다.

위에서 언급된 계획은 두 의회 모두의 토의 주제가 되며, 하원의회에서 이에 대한 표결이 뒤따른다.

정부는 하원의회의 신임을 얻은 후에 구성된 것으로 보고, 이에 대한 승인은 정부의 계획에 호의적인 의회 의원의 절대다수로 결정한다.

제89조

정부는 집행권을 행사한다.

정부는 총리의 권한 하에 정부계획을 시행하고 법률 집행의 보장을 위하여 노력하며, 공기업과 공공시설들을 관리 · 감독하고 보호한다.

البرنامج الذي يعتزم تطبيقه. ويجب أن يتضمن هذا البرنامج الخطوط الرئيسية للعمل الذي تنوي الحكومة القيام به في مختلف مجالات النشاط الوطني، وبالأخص في ميادين السياسة الاقتصادية والاجتماعية والبيئية والثقافية والخارجية.

يكون البرنامج المشار إليه أعلاه، موضوع مناقشة أمام كلا المجلسين، يعقبها تصويت في مجلس النواب.

تعتبر الحكومة منصبة بعد حصولها على ثقة مجلس النواب، المعبر عنها بتصويت الأغلبية المطلقة للأعضاء الذين يتألف منهم، لصالح البرنامج الحكومي.

(الفصل ٨٩)

تمارس الحكومة السلطة التنفيذية.

تعمل الحكومة، تحت سلطة رئيسها، على تنفيذ البرنامج الحكومي وعلى ضمان تنفيذ القوانين. والإدارة موضوعة تحت تصرفها، كما تمارس الإشراف والوصاية على المؤسسات والمقاولات العمومية.

제90조

총리는 집행권을 행사하며, 장관들에게 자신의 권한 일부를 위임할 수 있다.

총리에 의한 규제조치는 그 집행을 담당하고 있는 장관이 애착을 가지고 부서해야 한다.

제91조

총리는 공공 행정기관의 공무원, 공기업과 공공시설들의 임원을 임명한다. 다만, 헌법 제49조의 규정들을 위반하여서는 아니 된다.

총리는 이 권한을 위임할 수 있다.

제92조

정부위원회는 총리의 주재 하에 다음과 같은 문제들과 내용들을 토의한다.

 - 국무회의 제출 전의 국가 공공정책

(الفصل ٩٠)

يمارس رئيس الحكومة السلطة التنظيمية، ويمكن أن يفوض بعض سلطه للوزراء.

تحمل المقررات التنظيمية الصادرة عن رئيس الحكومة التوقيع بالعطف من لدن الوزراء المكلفين بتنفيذها.

(الفصل ٩١)

يعين رئيس الحكومة في الوظائف المدنية في الإدارات العمومية، وفي الوظائف السامية في المؤسسات والمقاولات العمومية، دون إخلال بأحكام الفصل ٤٩ من هذا الدستور.

يمكن لرئيس الحكومة تفويض هذه السلطة.

(الفصل ٩٢)

يتداول مجلس الحكومة، تحت رئاسة رئيس الحكومة، في القضايا والنصوص التالية:

– السياسة العامة للدولة قبل عرضها على المجلس

- 공공정책

- 분야별 정책

- 정부가 지속적 책임 준수를 할 수 있도록 하원의회의 신임 요청

- 인권, 공공질서와 관련된 현안 문제들

- 이 헌법 제49조 규정에 위반되지 않은, 하원의회 사무처에 보관되기 이전의 법률안들과 금융법안

- 법령

- 규제법령안

- 이 헌법 제65조(2항), 제66조, 제70조(2항)에 언급된 칙령

- 내각 제출 전의 국제 조약과 협정

الوزاري؛

– السياسات العمومية؛

– السياسات القطاعية؛

– طلب الثقة من مجلس النواب، قصد مواصلة الحكومة تحمل مسؤوليتها؛

– القضايا الراهنة المرتبطة بحقوق الإنسان وبالنظام العام؛

– مشاريع القوانين، ومن بينها مشروع قانون المالية، قبل إيداعها بمكتب مجلس النواب، دون إخلال بالأحكام الواردة في الفصل ٤٩ من هذا الدستور؛

– مراسيم القوانين؛

– مشاريع المراسيم التنظيمية؛

– مشاريع المراسيم المشار إليها في الفصول ٦٥(الفقرة الثانية) و ٦٦ و ٧٠(الفقرة الثالثة) من هذا الدستور؛

– المعاهدات والاتفاقيات الدولية قبل عرضها على

- 사무총장, 공공행정의 중앙 행정 수장, 대학 총장과 학장, 학교들과 고등 기관들의 수장 임명. 이 헌법 제49조에 언급된 기본법은 정부위원회에서 임명된 직책 명부 완성. 특히 직책들의 임명 원칙과 기준 및 기회 균등, 권리, 평등, 투명성 원칙의 기본법 규정.

총리가 정부위원회의 논의 요지를 국왕에게 보고한다.

제93조

장관들은 정부의 연대책임 테두리 내에서 담당 부서의 모든 정부 정책 집행을 책임진다.

장관들은 총리로부터 그들에게 위임된 임무를 수행하며,

المجلس الوزاري؛

– تعيين الكتاب العامين، ومديري الإدارات المركزية بالإدارات العمومية، ورؤساء الجامعات والعمداء، ومديري المدارس والمؤسسات العليا.

وللقانون التنظيمي المشار إليه في الفصل ٤٩ من هذا الدستور، أن يتمم لائحة الوظائف التي يتم التعيين فيها في مجلس الحكومة. ويحدد هذا القانون التنظيمي، على وجه الخصوص، مبادئ ومعايير التعيين في هذه الوظائف، لاسيما منها مبادئ تكافؤ الفرص والاستحقاق والكفاءة والشفافية.

يطلع رئيس الحكومة الملك على خلاصات مداولات مجلس الحكومة.

(الفصل ٩٣)

الوزراء مسؤولون عن تنفيذ السياسة الحكومية كل في القطاع المكلف به، وفي إطار التضامن الحكومي.

يقوم الوزراء بأداء المهام المسندة إليهم من قبل رئيس

이를 정부위원회에 보고한다. 장관들은 권한의 일부를 국가 비서관에게 위임할 수 있다.

제94조

정부 구성원들은 임무를 수행하는 동안 저지른 범죄에 대하여 왕국의 법원 앞에서 형사상 책임을 진다.

이러한 책임과 관련된 절차는 법률로 규정한다.

الحكومة، ويطلعون مجلس الحكومة على ذلك. يمكن للوزراء أن يفوضوا جزءا من اختصاصاتهم لكتاب الدولة.

(الفصل ٩٤)

أعضاء الحكومة مسؤولون جنائيا أمام محاكم المملكة، عما يرتكبون من جنايات وجنح، أثناء ممارستهم لمهامهم.

يُحدد القانون المسطرة المتعلقة بهذه المسؤولية.

제6장
권한 간의 관계

국왕과 입법부 간의 관계

제95조

국왕은 두 의회에게 모든 법률안과 법률제안에 대한 새로운 해석을 요청할 수 있다. 새로운 해석의 요청은 문서로 해야 한다. 새로운 해석 요청은 거부될 수 없다.

제96조

국왕은 헌법재판소 소장의 자문을 받고, 총리와 양 의회 의장에게 통보한 후에, 양 의회 모두 또는 어느 하나의 의회를 왕의 칙령으로 해산할 수 있다.

해산은 국왕이 국가(움마)를 향해 연설을 한 이후에 법적

الباب السادس
العلاقات بين السلط

العلاقة بين الملك والسلطة التشريعية

(الفصل ٩٥)

للملك أن يطلب من كلا مجلسي البرلمان أن يقرأ قراءة جديدة كل مشروع أو مقترح قانون.

تُطلب القراءة الجديدة بخطاب، ولا يمكن أن ترفض هذه القراءة الجديدة.

(الفصل ٩٦)

للملك، بعد استشارة رئيس المحكمة الدستورية وإخبار رئيس الحكومة ورئيس مجلس النواب، ورئيس مجلس المستشارين، أن يحل بظهير المجلسين معا أو أحدهما.

يقع الحل بعد خطاب يوجهه الملك إلى الأمة.

효력을 갖는다.

제97조

새 의회나 새 하원의 선거는 해산일 이후 최대 2개월 이내에 이루어진다.

제98조

양 의회 중 어느 한 의회가 해산된 경우, 다른 의회는 선거일로부터 1년이 경과하지 않는 한 해산되지 않는다. 다만, 새 하원의회 내에서 정부 대다수를 구성할 수 없을 때에는 그러하지 아니하다.

제99조

내각 안에서 결정한 전쟁 선포는 헌법 제49조에 따라서 국왕이 의회에 통보한 이후에 이루어진다.

(الفصل ٩٧)

يتم انتخاب البرلمان الجديد أو المجلس الجديد في ظرف شهرين على الأكثر بعد تاريخ الحل.

(الفصل ٩٨)

إذا وقع حل أحد المجلسين، فلا يمكن حل المجلس الذي يليه إلا بعد مضي سنة على انتخابه، ما عدا في حالة تعذر توفر أغلبية حكومية داخل مجلس النواب الجديد.

(الفصل ٩٩)

يتم اتخاذ قرار إشهار الحرب داخل المجلس الوزاري، طبقا للفصل ٤٩ من هذا الدستور، وبعد إحاطة البرلمان علما بذلك من لدن الملك.

입법부와 행정부 간의 관계

제100조

양 의회 의원들의 질의와 정부의 답변을 위해 매주 회의가 우선적으로 지정된다.

정부는 질의가 제출된 이후 20일 이내에 이에 대한 답변을 한다.

일반정책과 관련된 질의에 대한 답변은 총리에 의해 제출되며, 이 질의를 위해 매달 한 차례의 회의를 지정하고, 총리에게 질의를 제출한 날로부터 30일 이내에 그 사안에 해당되는 의회에 답변이 제출되어야 한다.

제101조

총리는 자신의 발의나 하원의회 의원 3분의 1의 요청 또는 자문의회 의원 다수의 요청으로 정부 업무의 단계별 회계(수입)를 의회에 제출한다. 연례회의는 공공정책의 논의

العلاقات بين السلطتين التشريعية والتنفيذية

(الفصل ١٠٠)

تُخصص بالأسبقية جلسة في كل أسبوع لأسئلة أعضاء مجلسي البرلمان وأجوبة الحكومة.

تُدلي الحكومة بجوابها خلال العشرين يوما الموالية لإحالة السؤال إليها.

تُقدم الأجوبة على الأسئلة المتعلقة بالسياسة العامة من قبل رئيس الحكومة، وتخصص لهذه الأسئلة جلسة واحدة كل شهر، وتُقدم الأجوبة عنها أمام المجلس الذي يعنيه الأمر خلال الثلاثين يوما الموالية لإحالة الأسئلة على رئيس الحكومة.

(الفصل ١٠١)

يعرض رئيس الحكومة أمام البرلمان الحصيلة المرحلية لعمل الحكومة، إما بمبادرة منه، أو بطلب من ثلث أعضاء مجلس النواب، أو من أغلبية أعضاء مجلس المستشارين.

와 평가를 위해 의회에 의하여 특별히 지정된다.

제102조

두 의회의 해당 위원회들은 해당 장관들의 참석과 그들의 책임 하에 행정부, 공적 기구와 공공시설들의 책임자들에게 청문회를 요청할 수 있다.

제103조

총리는 공공정책의 공표 및 이에 대한 동의를 요하는 문서에 대한 표결을 하원의회에 대한 정부의 신임을 묻는 표결과 연계시킬 수 있다.

하원의회를 구성하는 의원 절대 다수결이 아니고서는 정부에 대한 신임 철회나 그 문서에 대한 거부를 할 수 없다.

신임 문제가 제기된 날로부터 3일이 경과된 이후가 아니고서는 표결은 이루어지지 않는다.

하원의회의 신임 철회로 정부는 총 사퇴한다.

تُخصص جلسة سنوية من قبل البرلمان لمناقشة السياسات العمومية وتقييمها.

(الفصل ١٠٢)

يمكن للجان المعنية في كلا المجلسين أن تطلب الاستماع إلى مسؤولي الإدارات والمؤسسات والمقاولات العمومية، بحضور الوزراء المعنيين، وتحت مسؤوليتهم.

(الفصل ١٠٣)

يمكن لرئيس الحكومة أن يربط، لدى مجلس النواب، مواصلة الحكومة تحمل مسؤوليتها بتصويت يمنح الثقة بشأن تصريح يدلي به في موضوع السياسة العامة، أو بشأن نص يطلب الموافقة عليه.

لا يمكن سحب الثقة من الحكومة، أو رفض النص، إلا بالأغلبية المطلقة للأعضاء الذين يتألف منهم مجلس النواب.

لا يقع التصويت إلا بعد مضي ثلاثة أيام كاملة على

제104조

총리는 국왕, 의회 의장, 헌법재판소 소장의 자문 이후 내각에서 채택된 칙령으로 하원의회를 해산할 수 있다.

총리는 특별히 해산 결정의 원인과 목적을 포함하는 성명서를 하원의회에 제출한다.

제105조

하원의회는 정부가 자신의 책임을 계속하여 지는 것에 대하여 감사청원서의 표결로 거부할 수 있으며, 최소한 의회를 구성하는 의원 5분의 1 이상이 이에 서명하지 않는다면, 이 청원서는 수락되지 않는다. 하원의회의 감사청원서에 대한 동의는 의회를 구성하는 의원 절대 다수결로 통과된다.

تاريخ طرح مسألة الثقة.

يؤدي سحب الثقة إلى استقالة الحكومة استقالة جماعية.

(الفصل ١٠٤)

يمكن لرئيس الحكومة حل مجلس النواب، بعد استشارة الملك ورئيس المجلس، ورئيس المحكمة الدستورية، بمرسوم يتخذ في مجلس وزاري.

يقدم رئيس الحكومة أمام مجلس النواب تصريحا يتضمن، بصفة خاصة، دوافع قرار الحل وأهدافه.

(الفصل ١٠٥)

لمجلس النواب أن يعارض في مواصلة الحكومة تحمل مسؤوليتها، بالتصويت على ملتمس للرقابة؛ ولا يقبل هذا الملتمس إلا إذا وقعه على الأقل خُمس الأعضاء الذين يتألف منهم المجلس.

لا تصح الموافقة على ملتمس الرقابة من قبل مجلس النواب، إلا بتصويت الأغلبية المطلقة للأعضاء الذين

표결은 위 청원서가 상정되고 3일 후에 이루어지며, 감사 청원서가 통과되면 정부 구성원은 모두 사퇴한다.

하원의회에 의한 감사청원서가 부결된 경우, 그로부터 1 년동안 의회는 감사청원서를 제출할 수 없다.

제106조

자문의회는 적어도 의원 5분의 1 이상이 서명한 청원서를 통해 대 정부 질의를 하며, 이 청원서 보관 이후 완전한 3 일이 경과한 후 의회 의원 절대 다수에 의하지 아니고서는 표결이 이루어지지 않는다.

자문의회 의장은 즉시 총리에게 질의서를 송부하고, 총리 는 이를 받은 날로부터 6일 내에 답변서를 제출할 수 있다. 위 질의서에 대하여는 표결 없이 논의만 가능하다.

يتألف منهم.

لا يقع التصويت إلا بعد مضي ثلاثة أيام كاملة على إيداع الملتمس؛ وتؤدي الموافقة على ملتمس الرقابة إلى استقالة الحكومة استقالة جماعية.

إذا وقعت موافقة مجلس النواب على ملتمس الرقابة، فلا يقبل بعد ذلك تقديم أي ملتمس رقابة أمامه، طيلة سنة.

(الفصل ١٠٦)

لمجلس المستشارين أن يُسائل الحكومة بواسطة ملتمس يوقعه على الأقل خُمس أعضائه؛ ولا يقع التصويت عليه، بعد مضي ثلاثة أيام كاملة على إيداعه، إلا بالأغلبية المطلقة لأعضاء هذا المجلس.

يبعث رئيس مجلس المستشارين،على الفور، بنص ملتمس المساءلة إلى رئيس الحكومة؛ ولهذا الأخير أجل ستة أيام ليعرض أمام هذا المجلس جواب الحكومة، يتلوه نقاش لا يعقبه تصويت.

제7장
사법부

사법부 독립

제107조

사법부는 입법부와 행정부로부터 독립적이다.

국왕은 사법부의 독립을 보장한다.

제108조

재판관은 법률에 의하지 아니하고는 면직되지 않고 전보

발령되지 않는다.

제109조

법원에 제출된 사안에 대하여 어떠한 개입도 허용되지 않

الباب السابع
السلطة القضائية

استقلال القضاء

(الفصل ١٠٧)

السلطة القضائية مستقلة عن السلطة التشريعية وعن السلطة التنفيذية.

الملك هو الضامن لاستقلال السلطة القضائية.

(الفصل ١٠٨)

لا يعزل قضاة الأحكام ولا ينقلون إلا بمقتضى القانون.

(الفصل ١٠٩)

يمنع كل تدخل في القضايا المعروضة على القضاء؛

으며, 판사는 재판과 관련하여 어떠한 명령이나 지시를 받지 않고 어떠한 압력도 받지 않는다.

판사는 그의 독립성이 위협받는다고 여겨질 때마다 그 사안을 최고사법위원회에 이송해야 한다.

법관의 독립성과 공평성 의무에 대한 위반은 재판 결과와 상관없이 중대하고 전문적인 위법으로 간주한다.

제110조

재판관의 의무는 오직 법률을 적용하는 것이다. 재판의 판결은 오직 법률의 공정한 적용을 기초로 공표된다.

검사의 의무는 법률의 적용에 있으며, 또한 검사는 자신이 소속된 해당 관청으로부터 발행된 서면 법률 지시를 준수해야만 한다.

ولا يتلقى القاضي بشأن مهمته القضائية أي أوامر أو تعليمات، ولا يخضع لأي ضغط.

يجب على القاضي، كلما اعتبر أن استقلاله مهدد، أن يحيل الأمر إلى المجلس الأعلى للسلطة القضائية.

يعد كل إخلال من القاضي بواجب الاستقلال والتجرد خطأ مهنيا جسيما، بصرف النظر عن المتابعات القضائية المحتملة.

يعاقب القانون كل من حاول التأثير على القاضي بكيفية غير مشروعة.

(الفصل ١١٠)

لا يلزم قضاة الأحكام إلا بتطبيق القانون. ولا تصدر أحكام القضاء إلا على أساس التطبيق العادل للقانون.

يجب على قضاة النيابة العامة تطبيق القانون. كما يتعين عليهم الالتزام بالتعليمات الكتابية القانونية الصادرة عن السلطة التي يتبعون لها.

제111조

판사에게는 신중함 및 법적 윤리 의무와 함께 표현의 자유
권이 있다.

판사는 사법부의 공평성과 독립성 의무를 준수하고 법률
에 명시된 조건에 따라 협회에 가입하거나 전문적인 협회
를 설립할 수 있다.

판사가 정당과 노동조합에 가입하는 것은 금지된다.

제112조

판사에 대한 기본 규정은 기본법으로 규정한다.

(الفصل ١١١)

للقضاة الحق في حرية التعبير، بما يتلاءم مع واجب التحفظ والأخلاقيات القضائية.

يمكن للقضاة الانخراط في جمعيات، أو إنشاء جمعيات مهنية، مع احترام واجبات التجرد واستقلال القضاء، وطبقا للشروط المنصوص عليها في القانون.

يُمنع على القضاة الانخراط في الأحزاب السياسية والمنظمات النقابية.

(الفصل ١١٢)

يُحدد النظام الأساسي للقضاة بقانون تنظيمي.

최고사법위원회

제113조

최고사법위원회는 특히 판사들의 독립성, 임명, 승진, 퇴직의 규정을 포함하여 판사에게 허용된 보장책이 적용되도록 노력한다.

최고사법위원회는 사법부의 위상과 사법제도에 관한 보고서를 발의하고 작성하며, 그 사안에 알맞은 권고안을 제시한다.

최고사법위원회는 국왕이나 정부 또는 의회의 요청으로 권력의 분할 원칙을 고려하여 법률과 관련된 모든 문제에 관한 상세한 의견을 제시한다.

제114조

최고사법위원회로부터 나온 개인 신상과 관련된 결정은 왕국의 최고행정사법위원회에 의하여 권력 남용으로 항의를 받을 수 있다.

المجلس الأعلى للسلطة القضائية

(الفصل ١١٣)

يسهر المجلس الأعلى للسلطة القضائية على تطبيق الضمانات الممنوحة للقضاة، ولاسيما فيما يخص استقلالهم وتعيينهم وترقيتهم وتقاعدهم وتأديبهم.

يضع المجلس الأعلى للسلطة القضائية، بمبادرة منه، تقارير حول وضعية القضاء ومنظومة العدالة، ويُصدر التوصيات الملائمة بشأنها.

يُصدر المجلس الأعلى للسلطة القضائية، بطلب من الملك أو الحكومة أو البرلمان، آراء مفصلة حول كل مسألة تتعلق بالعدالة مع مراعاة مبدأ فصل السلط.

(الفصل ١١٤)

تكون المقررات المتعلقة بالوضعيات الفردية، الصادرة عن المجلس الأعلى للسلطة القضائية قابلة للطعن بسبب الشطط في استعمال السلطة، أمام أعلى هيئة قضائية إدارية بالمملكة.

제115조

국왕은 최고사법위원회를 주재하며, 위원회의 구성은 다음과 같다.

- 파기원의 제1의장, 전권 의장

- 파기원 주재 국왕 전권 대리인

- 파기원의 제1실 실장

- 항소법원의 판사들 중 선출된 4명의 대표

- 대법원의 판사들 중 선출된 6명의 대표

사법부 내 여성 재판관들의 참석비율에 따라 10명의 선출위원들 가운데 여성 재판관의 대표성을 보장해야 한다.

- 조정관

- 국가인권위원회 의장

- 능력, 공평함, 청렴함이 증명되고 사법부의 독립과 법률 주권을 위하여 탁월한 공헌을 하여 국왕이 임명한 5명의 인사들 가운데 1명은 최고울라마위원회의 사무총장이 추천한 인물이 있어야 한다.

(الفصل ١١٥)

يرأس الملك المجلس الأعلى للسلطة القضائية، ويتألف هذا المجلس من:

– الرئيس الأول لمحكمة النقض، رئيسا منتدبا؛

– الوكيل العام للملك لدى محكمة النقض؛

– رئيس الغرفة الأولى بمحكمة النقض؛

– أربعة ممثلين لقضاة محاكم الاستئناف، ينتخبهم هؤلاء القضاة من بينهم؛

– ستة ممثلين لقضاة محاكم أول درجة، ينتخبهم هؤلاء القضاة من بينهم؛

ويجب ضمان تمثيلية النساء القاضيات من بين الأعضاء العشرة المنتخبين، بما يتناسب مع حضورهن داخل السلك القضائي؛

– الوسيط؛

– رئيس المجلس الوطني لحقوق الإنسان؛

– خمس شخصيات يعينها الملك، مشهود لها بالكفاءة والتجرد والنزاهة، والعطاء المتميز في سبيل

제116조

최고사법위원회는 적어도 1년에 2차례 회의를 개최해야 한다.

최고사법위원회는 행정과 재정에 관하여 독립성을 가진다.

최고사법위원회는 징계 문제에 경험이 많은 치안판사들의 지원을 받는다.

최고사법위원회의 선거, 조직, 운영, 판사의 전문직 지위 관리 관련 기준 및 징계 절차는 기본법으로 규정한다.

최고사법위원회는 치안검사들에게 우려가 되는 문제와 그 사안에 대하여 그들이 소속된 부서로부터 제출된 평가 보고서를 고려한다.

استقلال القضاء وسيادة القانون؛ من بينهم عضو يقترحه الأمين العام للمجلس العلمي الأعلى.

(الفصل ١١٦)

يعقد المجلس الأعلى للسلطة القضائية دورتين في السنة على الأقل.

يتوفر المجلس الأعلى للسلطة القضائية على الاستقلال الإداري والمالي.

يساعد المجلس الأعلى للسلطة القضائية، في المادة التأديبية، قضاة مفتشون من ذوي الخبرة.

يُحدد بقانون تنظيمي انتخاب وتنظيم وسير المجلس الأعلى للسلطة القضائية، والمعايير المتعلقة بتدبير الوضعية المهنية للقضاة، ومسطرة التأديب.

يراعي المجلس الأعلى للسلطة القضائية، في القضايا التي تهم قضاة النيابة العامة، تقارير التقييم المقدمة من قبل السلطة التي يتبعون لها.

소송당사자의 권리와 재판 진행 원칙

제117조

판사는 개인과 단체의 권리, 자유, 안전 그리고 법률의 적용을 책임진다.

제118조

누구든지 자신의 권리와 법률에 의하여 보호되는 이익을 방어하기 위하여 재판 받을 권리를 가진다.

행정 분야에서 채택된 모든 결정은 조직적이든 개별적이든 공히 관할 행정법원에 항소할 수 있다.

제119조

모든 피의자와 피고인은 법원의 결정으로 유죄가 확정될 때까지는 무죄로 추정된다.

حقوق المتقاضين وقواعد سير العدالة

(الفصل ١١٧)
يتولى القاضي حماية حقوق الأشخاص والجماعات
وحرياتهم وأمنهم القضائي، وتطبيق القانون.

(الفصل ١١٨)
حق التقاضي مضمون لكل شخص للدفاع عن
حقوقه وعن مصالحه التي يحميها القانون.
كل قرار اتخذ في المجال الإداري، سواء كان تنظيميا
أو فرديا، يُمكن الطعن فيه أمام الهيئة القضائية الإدارية
المختصة.

(الفصل ١١٩)
يعتبر كل مشتبه فيه أو متهم بارتكاب جريمة بريئا،
إلى أن تثبت إدانته بمقرر قضائي مكتسب لقوة الشيء
المقضي به.

제120조

누구든지 공정한 재판과 합리적인 기간 내에 재판을 받을 권리가 있다.

모든 재판에서 변호인의 조력을 받을 권리는 보장된다.

제121조

소송비용을 마련하지 못하는 자에 대하여는 법률이 정하는 바에 의하여 국가가 이를 무료로 부담한다.

제122조

누구든지 사법적 과오로 손해를 입은 경우 국가에 대하여 배상을 청구할 수 있다.

제123조

재판은 공개한다. 다만, 법률에서 다르게 정하고 있는 경우에는 그러하지 아니하다.

(الفصل ١٢٠)

لكل شخص الحق في محاكمة عادلة، وفي حكم يصدر داخل أجل معقول.

حقوق الدفاع مضمونة أمام جميع المحاكم.

(الفصل ١٢١)

يكون التقاضي مجانيا في الحالات المنصوص عليها قانونا لمن لا يتوفر على موارد كافية للتقاضي.

(الفصل ١٢٢)

يحق لكل من تضرر من خطأ قضائي الحصول على تعويض تتحمله الدولة.

(الفصل ١٢٣)

تكون الجلسات علنية ما عدا في الحالات التي يقرر فيها القانون خلاف ذلك.

제124조

판결은 법률이 정하는 바에 따라 국왕의 이름으로 공표하고 집행된다.

제125조

판결은 법률이 정하는 바에 의하여 공개재판에서 이유를 설명하고 공표된다.

제126조

최종판결은 모든 사람에게 효력이 있다.

공권력은 재판과정에서 요구가 있을 경우 필요한 지원을 해야 한다. 또한 판결의 집행에 대해서도 그러하다.

제127조

일반 법원과 특별 법원은 법률에 따라 설립된다.

예외법원[34]은 설립할 수 없다.

(الفصل ١٢٤)

تصدر الأحكام وتنفذ باسم الملك وطبقا للقانون.

(الفصل ١٢٥)

تكون الأحكام معللة وتصدر في جلسة علنية، وفق الشروط المنصوص عليها في القانون.

(الفصل ١٢٦)

الأحكام النهائية الصادرة عن القضاء ملزمة للجميع. يجب على السلطات العمومية تقديم المساعدة اللازمة أثناء المحاكمة، إذا صدر الأمر إليها بذلك، ويجب عليها المساعدة على تنفيذ الأحكام.

(الفصل ١٢٧)

تُحدث المحاكم العادية والمتخصصة بمقتضى القانون. لا يمكن إحداث محاكم استثنائية.

제128조

사법경찰관은 검사와 조사관의 지휘를 받아 진실의 실체 발견을 위하여 법률 위반자에 대한 조사 및 범죄자 체포 등의 업무를 수행한다.

(الفصل ۱۲۸)

تعمل الشرطة القضائية تحت سلطة قضاة النيابة العامة وقضاة التحقيق، في كل ما يتعلق بالأبحاث والتحريات الضرورية في شأن الجرائم وضبط مرتكبيها ولإثبات الحقيقة.

제8장
헌법재판소

제129조

헌법재판소를 설치한다.

제130조

헌법재판소는 12명으로 구성되고 임기는 9년이며 중임할 수 없다. 6명은 국왕이 임명하는데, 그들 중 1명은 최고울라마위원회의 사무총장이 추천한다. 나머지 6명은 각 의회의 사무처가 추천하는 후보자들 중에서 절반(3명)은 하원의회에서 선출되고 나머지 절반(3명)은 자문의회에서 선출된다. 위원의 선출은 각 의회의 3분의 2의 찬성과 비밀투표에 의한다. 양 의회 또는 어느 한 의회가 헌법재판소의 재개를 위한 기간 내에 위원을 선출하지 못 할 때에는, 법원이 새로 선출되지 않은 위원들을 제외한 정족수를

الباب الثامن
المحكمة الدستورية

(الفصل ١٢٩)

تُحدث محكمة دستورية.

(الفصل ١٣٠)

تتألف المحكمة الدستورية من اثني عشر عضوا، يعينون لمدة تسع سنوات غير قابلة للتجديد، ستة أعضاء يعينهم الملك، من بينهم عضو يقترحه الأمين العام للمجلس العلمي الأعلى، وستة أعضاء يُنتخب نصفهم من قبل مجلس النواب، وينتخب النصف الآخر من قبل مجلس المستشارين من بين المترشحين الذين يقدمهم مكتب كل مجلس، وذلك بعد التصويت بالاقتراع السري وبأغلبية ثلثي الأعضاء الذين يتألف منهم كل مجلس.

إذا تعذر على المجلسين أو على أحدهما انتخاب هؤلاء

바탕으로 직권으로 결정하여 공표한다.

헌법재판소 위원들 중 3분의 1은 3년마다 새로 선출한다.

국왕은 헌법재판소 구성 위원들 중에서 소장을 임명한다.

헌법재판소 위원들은 법조계에서 높은 성과와 사법적·법리적·행정적 능력을 충족하고, 15년 이상 동안 자신들의 전문성을 쌓아오며, 공평함과 청렴함이 증명된 인사들 가운데서 선출된다.

제131조

헌법재판소의 조직, 운영, 절차 원칙과 위원들의 지위는 기본법으로 규정한다.

또한 헌법재판소 위원과 겸직이 허용되지 않는 업무, 특히

الأعضاء، داخل الأجل القانوني للتجديد، تمارس المحكمة اختصاصاتها، وتصدر قراراتها، وفق نصاب لا يُحتسب فيه الأعضاء الذين لم يقع بعد انتخابهم.

يتم كل ثلاث سنوات تجديد ثلث كل فئة من أعضاء المحكمة الدستورية.

يعين الملك رئيس المحكمة الدستورية من بين الأعضاء الذين تتألف منهم.

يختار أعضاء المحكمة الدستورية من بين الشخصيات المتوفرة على تكوين عال في مجال القانون، وعلى كفاءة قضائية أو فقهية أو إدارية، والذين مارسوا مهنتهم لمدة تفوق خمس عشرة سنة، والمشهود لهم بالتجرد والنزاهة.

(الفصل ١٣١)

يحدد قانون تنظيمي قواعد تنظيم المحكمة الدستورية وسيرها والإجراءات المتبعة أمامها، ووضعية أعضائها.

يحدد القانون التنظيمي أيضا المهام التي لا يجوز الجمع

자유직업과 관련된 업무는 기본법으로 규정하며, 위원들 3분의 1의 첫 두 번의 갱신 절차 방식, 그들의 직무 수행이 불가능하거나 또는 사임하거나 또는 그들의 재임 중 사망한 위원들의 공석을 채울 인사들에 대한 임명 방식은 기본법으로 규정한다.

제132조

헌법재판소는 헌법 조문과 기본법 규정에 의해 위탁된 권한을 행사하며, 그와 더불어 의회 의원 선거와 국민투표 실시의 타당성을 결정한다.

기본법은 공표하기 전에, 양 의회의 내규는 시행하기 전에, 헌법과의 적합성을 결정하기 위하여 헌법재판소에 제출되어야 한다.

법률 또한 공표하기 전에, 국왕, 총리, 양 의회의 의장, 하원의회 의원 5분의 1 이상의 동의 및 자문의회 의원 40명의 동의에 의하여 헌법재판소로 이송할 수 있다.

بينها و بين عضوية المحكمة الدستورية، خاصة ما يتعلق منها بالمهن الحرة، و طريقة إجراء التجديدين الأولين لثلث أعضائها، و كيفيات تعيين من يحل محل أعضائها الذين استحال عليهم القيام بمهامهم، أو استقالوا أو توفوا أثناء مدة عضويتهم.

(الفصل ١٣٢)

تمارس المحكمة الدستورية الاختصاصات المسندة إليها بفصول الدستور، و بأحكام القوانين التنظيمية، و تبت بالإضافة إلى ذلك في صحة انتخاب أعضاء البرلمان و عمليات الاستفتاء.

تحال إلى المحكمة الدستورية القوانين التنظيمية قبل إصدار الأمر بتنفيذها، والأنظمة الداخلية لكل من مجلس النواب ومجلس المستشارين قبل الشروع في تطبيقها لتبت في مطابقتها للدستور.

يمكن للملك، و كذا لكل من رئيس الحكومة، ورئيس مجلس النواب، ورئيس مجلس المستشارين، وخُمس

헌법재판소는 본 조항(제132조)의 두 번째와 세 번째 항에 명시된 상황에 대해 이송일로부터 1개월 이내에 결정한다. 그러나 이 기간은 긴급상황 시에는 정부의 요청으로 8일로 축소된다.

법률이 헌법재판소로 이송된 경우 그 법률의 공표는 중지된다.

헌법재판소는 선거소송의 제척기간이 종료된 날로부터 1년 이내에 의회 의원 선거의 적법성을 판단한다. 그러나 헌법재판소는 제기된 청구의 수와 특성에 따라 필요하다고 판단되면 정당한 결정에 의거하여 이 기간을 초과할 수 있다.

أعضاء مجلس النواب، وأربعين عضوا من أعضاء مجلس المستشارين، أن يحيلوا القوانين، قبل إصدار الأمر بتنفيذها، إلى المحكمة الدستورية، لتبت في مطابقتها للدستور.

تبت المحكمة الدستورية في الحالات المنصوص عليها في الفقرتين الثانية والثالثة من هذا الفصل، داخل أجل شهر من تاريخ الإحالة. غير أن هذا الأجل يُخفض في حالة الاستعجال إلى ثمانية أيام، بطلب من الحكومة. تؤدي الإحالة إلى المحكمة الدستورية في هذه الحالات، إلى وقف سريان أجل إصدار الأمر بالتنفيذ.

تبت المحكمة الدستورية في الطعون المتعلقة بانتخاب أعضاء البرلمان، داخل أجل سنة، ابتداء من تاريخ انقضاء أجل تقديم الطعون إليها. غير أن للمحكمة تجاوز هذا الأجل بموجب قرار معلل، إذا استوجب ذلك عدد الطعون المرفوعة إليها، أو استلزم ذلك الطعن المقدم إليها.

제133조

헌법재판소는 소송을 검토하는 과정에서 야기된 법률의 비합헌성과 관련된 모든 변론에 대한 검토를 전담하며, 이는 한 쪽이 논쟁에 적용되는 법률이 헌법이 보장하는 권리와 자유를 침해한다고 반박하는 경우이다.

이 조항의 조건과 시행 절차는 기본법으로 규정한다.

제134조

헌법 제132조에 의하여 위헌이 결정된 조항은 공표하거나 시행할 수 없다. 또한, 헌법 제133조에 의하여 위헌이 결정된 조항은 헌법재판소의 결정이 있는 날로부터 폐지된다.

헌법재판소의 결정에는 불복할 수 없다. 헌법재판소의 위헌 결정은 모든 공권력과 행정부 및 사법부를 기속한다.[35]

(الفصل ١٣٣)

تختص المحكمة الدستورية بالنظر في كل دفع متعلق بعدم دستورية قانون، أثير أثناء النظر في قضية، وذلك إذا دفع أحد الأطراف بأن القانون، الذي سيطبق في النزاع، يمس بالحقوق وبالحريات التي يضمنها الدستور.

يحدد قانون تنظيمي شروط وإجراءات تطبيق هذا الفصل.

(الفصل ١٣٤)

لا يمكن إصدار الأمر بتنفيذ مقتضى تم التصريح بعدم دستوريته على أساس الفصل ١٣٢ من هذا الدستور، ولا تطبيقه، وينسخ كل مقتضى تم التصريح بعدم دستوريته على أساس الفصل ١٣٣ من الدستور، ابتداء من التاريخ الذي حددته المحكمة الدستورية في قرارها.

لا تقبل قرارات المحكمة الدستورية أي طريق من طرق الطعن، وتلزم كل السلطات العامة وجميع الجهات الإدارية والقضائية.

제9장
지역 및 기타 영토집단

제135조

왕국의 영토집단[36]은 지역, 도, 주, 공동체이다.[37]

영토집단은 공법을 준수하는 법인이며, 민주적인 방식으로 사안들을 운영한다.

지역과 공동체 의회는 보통 · 직접 투표로 선출된다.

그 외 모든 영토집단은 법률에 따라 설립되고, 필요한 경우 이 조항의 첫 번째 항에 명시된 하나 또는 그 이상의 영토집단을 대체할 수 있다.

제136조

지역과 영토조직은 자유로운 운영 방식과 협력 및 연대 원

الباب التاسع
الجهات والجماعات الترابية الأخرى

(الفصل ١٣٥)

الجماعات الترابية للمملكة هي الجهات والعمالات والأقاليم والجماعات.

الجماعات الترابية أشخاص اعتبارية، خاضعة للقانون العام، وتسير شؤونها بكيفية ديمقراطية.

تنتخب مجالس الجهات والجماعات بالاقتراع العام المباشر.

تحدث كل جماعة ترابية أخرى بالقانون، ويمكن أن تحل عند الاقتضاء، محل جماعة ترابية أو أكثر، من تلك المنصوص عليها في الفقرة الأولى من هذا الفصل.

(الفصل ١٣٦)

يرتكز التنظيم الجهوي والترابي على مبادئ التدبير الحر،

칙에 토대를 두며, 또한 지역 주민의 관련 사안에 그들의 참여를 보장하고, 완전하고 지속적인 인류발전에 주민들의 참여 제고를 보장한다.

제137조

지역과 기타 영토집단은 자문의회의 대표자들을 통해 국가의 공공정책 실행과 영토 정책 준비에 참여한다.

제138조

지역 의회 의장들과 기타 영토집단 의회 의장들은 의회의 토의와 결정을 집행한다.

제139조

지역과 기타 영토집단 의회는 발전 계획과 이의 후속 추진 준비에 국민들과 단체들의 참여를 용이하게 하기 위해 대

وعلى التعاون والتضامن؛ ويؤمن مشاركة السكان المعنيين في تدبير شؤونهم، والرفع من مساهمتهم في التنمية البشرية المندمجة والمستدامة.

(الفصل ١٣٧)

تساهم الجهات والجماعات الترابية الأخرى في تفعيل السياسة العامة للدولة، وفي إعداد السياسات الترابية، من خلال ممثليها في مجلس المستشارين.

(الفصل ١٣٨)

يقوم رؤساء مجالس الجهات، ورؤساء مجالس الجماعات الترابية الأخرى، بتنفيذ مداولات هذه المجالس ومقرراتها.

(الفصل ١٣٩)

تضع مجالس الجهات، والجماعات الترابية الأخرى، آليات تشاركية للحوار والتشاور، لتيسير مساهمة

화와 자문을 위한 공동 협력 기구를 설치한다.

국민과 단체들은 의회의 권한 내에 있는 사안에 대하여, 의회의 의제 안에 특별한 조항이 삽입될 수 있도록 의회에 청원할 수 있다.

제140조

연대원칙을 기반으로 영토집단은 자체 권한, 국가와의 공동 권한, 국가로부터 위임 받은 권한을 가진다.

지역과 기타 영토집단은 각자의 권한 범위 내에서 그리고 각자의 영토 범위 내에서 자신들의 권한을 행사하기 위한 통제력(규제력)을 갖는다.

제141조

지역과 기타 영토집단은 자체 재원과 국가로부터 할당된 재원을 보유한다.

المواطنات والمواطنين والجمعيات في إعداد برامج التنمية وتتبعها.

يُمكن للمواطنات والمواطنين والجمعيات تقديم عرائض، الهدف منها مطالبة المجلس بإدراج نقطة تدخل في اختصاصه ضمن جدول أعماله.

(الفصل ١٤٠)

للجماعات الترابية، وبناء على مبدأ التفريع، اختصاصات ذاتية واختصاصات مشتركة مع الدولة واختصاصات منقولة إليها من هذه الأخيرة.

تتوفر الجهات والجماعات الترابية الأخرى، في مجالات اختصاصاتها، وداخل دائرتها الترابية، على سلطة تنظيمية لممارسة صلاحياتها.

(الفصل ١٤١)

تتوفر الجهات والجماعات الترابية الأخرى، على موارد مالية ذاتية، وموارد مالية مرصودة من قبل الدولة.

국가로부터 지역 및 영토집단으로 위임된 권한은 그에 해당하는 자원 이전도 수반되어야 한다.

제142조

인류의 발전, 기반시설 건설 및 장비 분야에서의 부족함을 보충할 목적으로 정해진 기간 동안 지역의 이익을 위해 사회 적응 기금이 설립된다.

또한 자원의 충분한 분배와 서로 간의 불일치 축소를 목적으로 지역 간 상호 보증 기금이 설립된다.

제143조

어떠한 영토집단도 다른 영토집단을 후견할 수 없다.

영토집단은 자체 권한을 준수하는 범위 내에서 지역 성장 계획 추진과 지역적 설계의 준비 작업에 있어서 해당 영토집단 의회 의장의 감독 하에 다른 영토집단들에 비해 중심

كل اختصاص تنقله الدولة إلى الجهات والجماعات الترابية الأخرى يكون مقترنا بتحويل الموارد المطابقة له.

(الفصل ١٤٢)

يُحدث لفترة معينة ولفائدة الجهات صندوق للتأهيل الاجتماعي، يهدف إلى سد العجز في مجالات التنمية البشرية، والبنيات التحتية الأساسية والتجهيزات.

يُحدث أيضا صندوق للتضامن بين الجهات، بهدف التوزيع المتكافئ للموارد، قصد التقليص من التفاوتات بينها.

(الفصل ١٤٣)

لا يجوز لأي جماعة ترابية أن تمارس وصايتها على جماعة أخرى.

تتبوأ الجهة، تحت إشراف رئيس مجلسها، مكانة الصدارة بالنسبة للجماعات الترابية الأخرى، في

적인 지위를 차지할 수 있다.

어떤 사안이 다수 영토집단들의 협력이 요구되는 계획 수행과 관련될 때마다 후자(해당 집단)는 협력 방식에 동의한다.

제144조

영토집단들은 수단과 계획의 상호 협력을 위하여 그들 간에 단체를 설립할 수 있다.

제145조

영토집단에서 지역 책임자, 주지사, 도지사는 중앙 권력(중앙정부)을 대표한다.

지역 책임자들과 주지사들은 정부의 이름으로 법률 적용, 정부의 규정 및 결정의 집행을 보장하기 위해 노력하고 행정 감독을 수행한다.

عمليات إعداد وتتبع برامج التنمية الجهوية، والتصاميم الجهوية لإعداد التراب، في نطاق احترام الاختصاصات الذاتية لهذه الجماعات الترابية.

كلما تعلق الأمر بإنجاز مشروع يتطلب تعاون عدة جماعات ترابية، فإن هذه الأخيرة تتفق على كيفيات تعاونها.

(الفصل ١٤٤)

يمكن للجماعات الترابية تأسيس مجموعات فيما بينها، من أجل التعاضد في الوسائل والبرامج.

(الفصل ١٤٥)

يمثل ولاة الجهات وعمال الأقاليم والعمالات، السلطة المركزية في الجماعات الترابية.

يعمل الولاة والعمال، باسم الحكومة، على تأمين تطبيق القانون، وتنفيذ النصوص التنظيمية للحكومة ومقرراتها، كما يمارسون المراقبة الإدارية.

지역 책임자, 주지사, 영토집단의 수장, 특히 지역 의회 의
장은 계획 및 발전 계획의 집행을 지원한다.

지역 책임자들과 주지사들은 해당 장관들의 권한 하에 중
앙 행정의 비 중앙화된 복리 활동을 조정하고, 이의 순기
능을 감독한다.

제146조

다음 사항은 특별히 기본법으로 규정한다.

　- 지역과 기타 영토집단이 사안들을 민주적인 방식으
로 운영하는 조건, 의회 구성원 수, 후보자의 자격과 관
련된 규정, 불일치 상황, 대표자들 간의 겸직 금지 상황,
선거 제도, 언급된 의회 내 여성의 대표성 개선 규정

　- 지역 의회 의장들과 기타 영토집단 의회 의장들이 헌
법 제138조에 따라 의회의 토의와 결정을 집행하는 조
건

　- 국민들과 단체들에 의해 헌법 제139조에 명시된 신청

يساعد الولاة والعمال رؤساء الجماعات الترابية، وخاصة رؤساء المجالس الجهوية، على تنفيذ المخططات والبرامج التنموية.

يقوم الولاة والعمال، تحت سلطة الوزراء المعنيين، بتنسيق أنشطة المصالح اللاممركزة للإدارة المركزية، ويسهرون على حسن سيرها.

(الفصل ١٤٦)

تحدد بقانون تنظيمي بصفة خاصة:

– شروط تدبير الجهات والجماعات الترابية الأخرى لشؤونها بكيفية ديمقراطية، وعدد أعضاء مجالسها، والقواعد المتعلقة بأهلية الترشيح، وحالات التنافي، وحالات منع الجمع بين الانتدابات، وكذا النظام الانتخابي، وأحكام تحسين تمثيلية النساء داخل المجالس المذكورة؛

– شروط تنفيذ رؤساء مجالس الجهات ورؤساء مجالس الجماعات الترابية الأخرى لمداولات هذه

서를 제출하는 조건

- 지역과 기타 영토집단의 이익을 위한 자체 권한과 그
들과 국가 간의 공동 권한, 헌법 제140조에 따라 후자
(국가)로부터 이전된 권한

- 지역과 기타 영토집단의 재정 제도

- 헌법 제141조에 명시된 지역과 기타 영토집단의 재원
원천

- 헌법 제142조에 명시된 사회 적응 기금과 지역 간 연
대책임 기금 각각의 재원과 운영 방식

- 헌법 제144조에 언급된 단체 설립 조건과 방식

المجالس ومقرراتها، طبقا للفصل ١٣٨؛

– شروط تقديم العرائض المنصوص عليها في الفصل ١٣٩، من قبل المواطنات والمواطنين والجمعيات؛

– الاختصاصات الذاتية لفائدة الجهات والجماعات الترابية الأخرى، والاختصاصات المشتركة بينها وبين الدولة والاختصاصات المنقولة إليها من هذه الأخيرة طبقا للفصل ١٤٠؛

– النظام المالي للجهات والجماعات الترابية الأخرى؛

– مصدر الموارد المالية للجهات وللجماعات الترابية الأخرى، المنصوص عليها في الفصل ١٤١؛

– موارد وكيفيات تسيير كل من صندوق التأهيل الاجتماعي وصندوق التضامن بين الجهات المنصوص عليها في الفصل ١٤٢؛

– شروط وكيفيات تأسيس المجموعات المشار إليها في الفصل ١٤٤؛

- 단체들 간의 협력 성장 촉진을 목표로 하는 규정과 이러한 방향에서 영토 조직의 발전 방식의 보장을 목표로 하는 장치

- 자유 운영 원칙의 올바른 시행과 관련된 통치 원칙, 기금과 계획에 대한 운영 감시와 업무 및 회계 절차의 평가

– المقتضيات الهادفة إلى تشجيع تنمية التعاون بين الجماعات، وكذا الآليات الرامية إلى ضمان تكييف تطور التنظيم الترابي في هذا الاتجاه؛

– قواعد الحكامة المتعلقة بحسن تطبيق مبدأ التدبير الحر، وكذا مراقبة تدبير الصناديق والبرامج وتقييم الأعمال وإجراءات المحاسبة.

제10장
최고회계위원회

제147조

최고회계위원회는 왕국의 공적 자금 감사를 위한 최고 조직이며, 헌법은 이의 독립성을 보장한다. 최고회계위원회는 국가와 공적 기구에 대한 양호통치와 투명성 그리고 회계 가치의 강화 및 원칙의 보호 임무를 수행한다.

최고회계위원회는 금융법의 집행에 대한 최고의 감사 수행을 담당하고, 법률에 따라 위원회의 감사 업무에 예속된 기관들(감사 대상 기관들)의 소득 및 비용과 관련된 활동의 안전을 수행하며, 사안에 대한 운영 방식을 평가하고, 필요한 경우 상기 활동에 유효한 원칙에 위반되는 모든 사안에 대한 처벌을 채택한다. 최고회계위원회는 감사 임무를 맡으며 재산 신고의 추적과 감시 업무, 정당의 회계 감사, 선거와 관련된 비용 조사를 담당한다.

الباب العاشر
المجلس الأعلى للحسابات

(الفصل ١٤٧)

المجلس الأعلى للحسابات هو الهيئة العليا لمراقبة المالية العمومية بالمملكة، ويضمن الدستور استقلاله.

يمارس المجلس الأعلى للحسابات مهمة تدعيم وحماية مبادئ وقيم الحكامة الجيدة والشفافية والمحاسبة، بالنسبة للدولة والأجهزة العمومية.

يتولى المجلس الأعلى للحسابات ممارسة المراقبة العليا على تنفيذ قوانين المالية. ويتحقق من سلامة العمليات المتعلقة بمداخيل ومصاريف الأجهزة الخاضعة لمراقبته بمقتضى القانون، ويقيم كيفية تدبيرها لشؤونها، ويتخذ، عند الاقتضاء، عقوبات عن كل إخلال بالقواعد السارية على العمليات المذكورة.

تُناط بالمجلس الأعلى للحسابات مهمة مراقبة وتتبع

제148조

최고회계위원회는 공적 금융의 감시와 관련된 분야에서 의회를 지원하며, 공적 금융과 관련된 법률 제정, 감시, 평가에서 의회의 기능과 연관된 질문과 자문에 답한다.

최고회계위원회는 사법 기관을 지원한다.

최고회계위원회는 법률에 따라 권한의 범위 내에 속하는 분야에서 정부를 지원한다.

최고회계위원회는 특별 보고서와 사법적 결정을 포함한 모든 업무를 공표하며, 모든 업무에 관한 보고서를 포함하는 연간 보고서를 국왕에게 상정한다.

또한 최고회계위원회는 보고서를 총리와 두 의회의 의장에게 제출하고, 왕국의 관보에 게재한다.

의회 제1 의장이 최고회계위원회의 업무에 관한 주요 부

التصريح بالممتلكات، وتدقيق حسابات الأحزاب السياسية، وفحص النفقات المتعلقة بالعمليات الانتخابية.

(الفصل ١٤٨)

يقدم المجلس الأعلى للحسابات مساعدته للبرلمان في المجالات المتعلقة بمراقبة المالية العامة؛ ويجيب عن الأسئلة والاستشارات المرتبطة بوظائف البرلمان في التشريع والمراقبة والتقييم المتعلقة بالمالية العامة.

يقدم المجلس الأعلى للحسابات مساعدته للهيئات القضائية.

يقدم المجلس الأعلى للحسابات مساعدته للحكومة، في الميادين التي تدخل في نطاق اختصاصاته بمقتضى القانون.

ينشر المجلس الأعلى للحسابات جميع أعماله، بما فيها التقارير الخاصة والمقررات القضائية.

يرفع المجلس الأعلى للحسابات للملك تقريرا سنويا،

분들을 의회 앞에 제출하면, 토론이 이어진다.

제149조

지역회계위원회는 지역, 기타 영토집단, 소속 기관의 회계 및 사안 운영 방식의 감독을 담당한다.
필요한 경우 상기 활동에 유효한 원칙을 위반하는 모든 것에 대하여 처벌한다.

제150조

최고회계위원회와 지역회계위원회의 권한, 조직 규정, 운영 방식은 법률로 규정한다.

يتضمن بيانا عن جميع أعماله، ويوجهه أيضا إلى رئيس الحكومة، وإلى رئيسي مجلسي البرلمان، وينشر بالجريدة الرسمية للمملكة.

يُقدم الرئيس الأول للمجلس عرضا عن أعمال المجلس الأعلى للحسابات أمام البرلمان، ويكون متبوعا بمناقشة.

(الفصل ١٤٩)

تتولى المجالس الجهوية للحسابات مراقبة حسابات الجهات والجماعات الترابية الأخرى وهيئاتها، وكيفية قيامها بتدبير شؤونها.

وتعاقب عند الاقتضاء، عن كل إخلال بالقواعد السارية على العمليات المذكورة.

(الفصل ١٥٠)

يحدد القانون اختصاصات المجلس الأعلى للحسابات والمجالس الجهوية للحسابات، وقواعد تنظيمها، وكيفيات تسييرها.

제11장
경제 · 사회 · 환경위원회

제151조

경제 · 사회 · 환경위원회를 설립한다.

제152조

정부, 하원의회, 자문의회는 경제적 · 사회적 · 환경적 특성을 가진 모든 사안들에 대해 경제 · 사회 · 환경위원회에 자문을 한다.

위원회는 국가 경제와 지속 성장을 위한 일반적 경향들에 대한 의견을 제시한다.

제153조

경제 · 사회 · 환경위원회의 구성, 조직, 권한, 운영 방식은 기본법으로 규정한다.

الباب الحادي عشر
المجلس الاقتصادي والاجتماعي والبيئي

(الفصل ١٥١)

يحدث مجلس اقتصادي واجتماعي وبيئي.

(الفصل ١٥٢)

للحكومة ولمجلس النواب ولمجلس المستشارين أن يستشيروا المجلس الاقتصادي والاجتماعي والبيئي في جميع القضايا، التي لها طابع اقتصادي واجتماعي وبيئي. يدلي المجلس برأيه في التوجهات العامة للاقتصاد الوطني والتنمية المستدامة.

(الفصل ١٥٣)

يحدد قانون تنظيمي تأليف المجلس الاقتصادي والاجتماعي والبيئي، وتنظيمه، وصلاحياته، وكيفيات تسييره.

제12장
양호통치

총칙

제154조

공기업의 조직은 그곳에 입사하는 국민들 간의 평등과 국가 영토 점유의 공평성, 근무 수행의 지속성에 기초하여 이루어진다.

공기업은 기업의 운영에 있어서 품질 기준, 투명성, 회계, 책임감을 준수하며, 헌법이 승인하는 민주적인 원칙과 가치를 따른다.

제155조

공기업의 협력자는 법률, 중립성, 투명성, 청렴성, 공익 준수의 원칙에 따라 업무를 수행한다.

الباب الثاني عشر
الحكامة الجيدة

مبادئ عامة

(الفصل ١٥٤)

يتم تنظيم المرافق العمومية على أساس المساواة بين المواطنات والمواطنين في الولوج إليها، والإنصاف في تغطية التراب الوطني، والاستمرارية في أداء الخدمات.

تخضع المرافق العمومية لمعايير الجودة والشفافية والمحاسبة والمسؤولية، وتخضع في تسييرها للمبادئ والقيم الديمقراطية التي أقرها الدستور.

(الفصل ١٥٥)

يمارس أعوان المرافق العمومية وظائفهم، وفقا لمبادئ احترام القانون والحياد والشفافية والنزاهة والمصلحة

제156조

공기업은 사용자들의 관찰, 제안, 고충을 수렴하고, 이에 대한 후속 조치를 보증한다.

공기업은 시행 중에 있는 법률에 따라 공적 자금 운영에 관한 회계를 제출하고, 이 사안에 대한 감시와 평가를 받는다.

제157조

공기업 헌장은 공공행정, 지역, 기타 영토집단 그리고 공공기관의 운영과 관련된 양호통치 원칙을 규정한다.

제158조

공무원은 임명방식에 관계없이 업무를 시작할 때, 업무를 수행하는 동안, 업무를 종료할 때 자신이 직·간접적으로

العامة.

(الفصل ١٥٦)

تتلقى المرافق العمومية ملاحظات مرتفقيها،
واقتراحاتهم وتظلماتهم، وتؤمن تتبعها.

تقدم المرافق العمومية الحساب عن تدبيرها للأموال
العمومية، طبقا للقوانين الجاري بها العمل، وتخضع في
هذا الشأن للمراقبة والتقييم.

(الفصل ١٥٧)

يحدد ميثاق للمرافق العمومية قواعد الحكامة الجيدة
المتعلقة بتسيير الإدارات العمومية والجهات والجماعات
الترابية الأخرى والأجهزة العمومية.

(الفصل ١٥٨)

يجب على كل شخص، منتخبا كان أو معينا، يمارس
مسؤولية عمومية، أن يقدم، طبقا للكيفيات المحددة في

보유하고 있는 자산에 대하여 법률이 정한 방식에 따라 보고서를 서면으로 제출하여야 한다.

제159조

양호통치를 맡고 있는 기관들은 독립적이다. 이 기관들은 국가 기관의 지원을 받을 수 있다. 또한, 법률이 정하는 바에 따라 필요성이 인정될 경우, 아래에 명시된 기관 외에도 규제와 양호통치를 위한 기관을 설립할 수 있다.

제160조

이 헌법 제161조부터 제170조에 언급된 기구들과 기관들은 의회의 토의 주제가 되는 업무에 관한 보고서를 최소한 연중 한 차례 이상 제출해야 한다.

القانون، تصريحا كتابيا بالممتلكات والأصول التي في حيازته، بصفة مباشرة أو غير مباشرة، بمجرد تسلمه لمهامه، وخلال ممارستها، وعند انتهائها.

(الفصل ١٥٩)

تكون الهيئات المكلفة بالحكامة الجيدة مستقلة؛ وتستفيد من دعم أجهزة الدولة؛ ويمكن للقانون أن يُحدث عند الضرورة، علاوة على المؤسسات والهيئات المذكورة بعده، هيئات أخرى للضبط والحكامة الجيدة.

(الفصل ١٦٠)

على المؤسسات والهيئات المشار إليها في الفصل ١٦١ إلى الفصل ١٧٠ من هذا الدستور تقديم تقرير عن أعمالها، مرة واحدة في السنة على الأقل، الذي يكون موضوع مناقشة من قبل البرلمان.

권리 및 자유 보호와 양호통치 · 인류의 지속적 성장
· 참여 민주주의 기구들과 기관들
인권 보호 및 발전 기관

제161조

국가인권위원회는 다원적이고 독립적인 국가기관이며, 인권 및 자유의 방어와 보호, 이들(인권과 자유)의 완전한 행사 및 발전 그리고 개인적이고 집단적인 국민들의 존엄성 수호, 권리 및 자유와 관련된 문제에 대한 심의를 담당한다. 국가인권위원회는 이 분야에 있어서 국가적이고 세계적인 기준을 엄격히 준수한다.

제162조

중재원은 독립적이고 전문적인 국가 기관이다. 이의 임무는 행정기관과 사용자들 간의 관계 범위 내에 있는 권리의 방어, 법률 주권의 강화, 정의 및 공평 원칙의 보급, 공권력을 행사하는 행정기관, 공공기구, 영토집단, 기관들의 운

مؤسسات وهيئات حماية الحقوق والحريات والحكامة الجيدة والتنمية البشرية والمستدامة والديمقراطية التشاركية

هيئات حماية حقوق الإنسان والنهوض بها

(الفصل ١٦١)

المجلس الوطني لحقوق الإنسان مؤسسة وطنية تعددية ومستقلة، تتولى النظر في القضايا المتعلقة بالدفاع عن حقوق الإنسان والحريات وحمايتها، وبضمان ممارستها الكاملة، والنهوض بها وبصيانة كرامة وحقوق وحريات المواطنات والمواطنين، أفرادا وجماعات، وذلك في نطاق الحرص التام على احترام المرجعيات الوطنية والكونية في هذا المجال.

(الفصل ١٦٢)

الوسيط مؤسسة وطنية مستقلة ومتخصصة، مهمتها الدفاع عن الحقوق في نطاق العلاقات بين الإدارة والمرتفقين، والإسهام في ترسيخ سيادة القانون، وإشاعة مبادئ العدل والإنصاف، وقيم التخليق والشفافية في

영에 대한 도덕성과 투명성의 가치에 기여하는 것이다.

제163조

모로코 해외 거주위원회는 해외에 거주하는 모로코인들이 자신들의 정체성을 굳건히 할 수 있도록 독려하고, 그들의 권리와 이익을 보호하며, 조국인 모로코가 인류발전에 기여할 수 있도록 공공정책에 관한 의견을 제시한다.

제164조

공정성 및 모든 형태의 차별에 대항하는 투쟁을 담당하는 기구는 국가인권위원회에 위임된 권한을 고려하여 특별히 이 헌법 제19조에 의거해 설립되며, 특히 언급된 조항에 명시된 권리와 자유의 준수를 감독한다.

تدبير الإدارات والمؤسسات العمومية والجماعات الترابية
والهيئات التي تمارس صلاحيات السلطة العمومية.

(الفصل ١٦٣)

يتولى مجلس الجالية المغربية بالخارج، على الخصوص،
إبداء آرائه حول توجهات السياسات العمومية التي
تمكن المغاربة المقيمين بالخارج من تأمين الحفاظ على
علاقات متينة مع هويتهم المغربية، وضمان حقوقهم
وصيانة مصالحهم، وكذا المساهمة في التنمية البشرية
والمستدامة في وطنهم المغرب وتقدمه.

(الفصل ١٦٤)

تسهر الهيأة المكلفة بالمناصفة ومحاربة جميع أشكال
التمييز، المحدثة بموجب الفصل ١٩ من هذا الدستور،
بصفة خاصة، على احترام الحقوق والحريات المنصوص
عليها في الفصل المذكور، مع مراعاة الاختصاصات
المسندة للمجلس الوطني لحقوق الإنسان.

양호통치와 법률 제정 기구

제165조

최고시청각통신기구[38]는 의견 및 사상의 흐름에 대한 다양한 표현의 존중, 시청각 분야의 정보에 대한 권리 등에 대한 감독을 수행하며, 이는 문명의 기본적인 가치와 왕국 법률의 준수 테두리 내에서 이루어진다.

제166조

경쟁위원회[39]는 독립 기구이며, 자유롭고 합법적인 경쟁 조직의 테두리 내에서, 특히 시장의 경쟁 상황 분석 및 규제, 부정적인 협상 및 비합법적인 상 관행, 경제 집중화 및 독점 행위 감시를 통해 경제적 관계의 청렴성과 공정성 보장을 담당한다.

هيئات الحكامة الجيدة والتقنين

(الفصل ١٦٥)

تتولى الهيئة العليا للاتصال السمعي البصري السهر على احترام التعبير التعددي لتيارات الرأي والفكر، والحق في المعلومة في الميدان السمعي البصري، وذلك في إطار احترام القيم الحضارية الأساسية وقوانين المملكة.

(الفصل ١٦٦)

مجلس المنافسة هيئة مستقلة، مكلفة في إطار تنظيم منافسة حرة ومشروعة بضمان الشفافية والإنصاف في العلاقات الاقتصادية، خاصة من خلال تحليل وضبط وضعية المنافسة في الأسواق، ومراقبة الممارسات المنافية لها والممارسات التجارية غير المشروعة وعمليات التركيز الاقتصادي والاحتكار.

제167조

제36조에 의거하여 설치된 국가 청렴·뇌물 예방 및 투쟁 기구는 특히 부패 투쟁 정책 집행의 보장 이행, 조정, 감독 보장, 이 분야에 대한 정보 수렴 및 보도, 공적 생활의 도덕성에 대한 기여, 양호통치 원칙의 강화, 공익 기업 문화, 책임 있는 시민권의 가치 업무를 담당한다.

(الفصل ١٦٧)

تتولى الهيئة الوطنية للنزاهة والوقاية من الرشوة ومحاربتها، المحدثة بموجب الفصل ٣٦، على الخصوص، مهام المبادرة والتنسيق والإشراف وضمان تتبع تنفيذ سياسات محاربة الفساد، وتلقي ونشر المعلومات في هذا المجال، والمساهمة في تخليق الحياة العامة، وترسيخ مبادئ الحكامة الجيدة، وثقافة المرفق العام، وقيم المواطنة المسؤولة.

인류의 지속적인 성장과
참여 민주주의 발전 기구

제168조

최고교육 · 지식습득 · 과학연구위원회를 설립한다.

위원회는 자문 기구로서 모든 공공정책과 교육 · 지식습득 · 과학연구에 관심을 가진 국가적 과업에 관한 그리고 이러한 분야를 담당하고 있는 공기업의 목표와 운영에 관한 의견을 표명하는 것이 임무이다.

또한 위원회는 이 분야에 대한 정책과 공적 계획의 평가에 기여한다.

제169조

이 헌법 제32조에 의거하여 설치된 가족 및 어린이 자문위원회는 가족 및 어린이 지위의 후속 조치를 보장하고, 이 분야와 관련된 국가 계획에 관한 의견 표명, 가족 분야의 공공정책에 관한 공개 토론 활성화, 다양한 부서들과 전문

هيئات النهوض بالتنمية البشرية والمستدامة
والديمقراطية التشاركية

(الفصل ١٦٨)

يحدث مجلس أعلى للتربية والتكوين والبحث العلمي.
المجلس هيئة استشارية، مهمتها إبداء الآراء حول كل
السياسات العمومية، والقضايا الوطنية التي تهم التعليم
والتكوين والبحث العلمي، وكذا حول أهداف المرافق
العمومية المكلفة بهذه الميادين وتسييرها. كما يساهم
في تقييم السياسات والبرامج العمومية في هذا المجال.

(الفصل ١٦٩)

يتولى المجلس الاستشاري للأسرة والطفولة، المحدث
بموجب الفصل ٣٢ من هذا الدستور، مهمة تأمين تتبع
وضعية الأسرة والطفولة، وإبداء آراء حول المخططات
الوطنية المتعلقة بهذه الميادين، وتنشيط النقاش العمومي

기구 및 기관들로부터 제출된 국가 계획들의 후속 조치 보장과 집행이 임무이다.

제170조

이 헌법 제33조에 의거해 설치된 청년 및 지역사회 활동 자문위원회는 청년 보호와 지역사회의 삶의 발전에 대한 자문기구이다. 위원회는 이 분야에 관심사가 되는 사안들에 대한 연구와 후속 조치, 청년과 지역사회 활동 상황의 발전에 직접적인 관심이 되는 모든 경제적 · 사회적 · 문화적 주제에 관한 제안 제시, 그들의 창조적인 에너지 개발, 국민 생활의 참여 독려 임무를 수행한다.

제171조

이 헌법 제161조부터 제170조까지 명시된 기관 및 기구의

حول السياسة العمومية في مجال الأسرة، وضمان تتبع وإنجاز البرامج الوطنية، المقدمة من قبل مختلف القطاعات، والهياكل والأجهزة المختصة.

(الفصل ١٧٠)

يعتبر المجلس الاستشاري للشباب والعمل الجمعوي، المحدث بموجب الفصل ٣٣ من هذا الدستور، هيئة استشارية في ميادين حماية الشباب والنهوض بتطوير الحياة الجمعوية. وهو مكلف بدراسة وتتبع المسائل التي تهم هذه الميادين، وتقديم اقتراحات حول كل موضوع اقتصادي واجتماعي وثقافي، يهم مباشرة النهوض بأوضاع الشباب والعمل الجمعوي، وتنمية طاقاتهم الإبداعية، وتحفيزهم على الانخراط في الحياة الوطنية، بروح المواطنة المسؤولة.

(الفصل ١٧١)

يحدد بقوانين تأليف وصلاحيات وتنظيم وقواعد

구성, 권한, 조직, 운영 원칙 및 위 규정과 양립 불가능한
상황은 법률로 규정한다.

سير المؤسسات والهيئات المنصوص عليها في الفصول ١٦١ إلى ١٧٠ من هذا الدستور، وكذا حالات التنافي عند الاقتضاء.

제13장
헌법 개정

제172조

국왕, 총리, 하원의회, 자문의회에게는 헌법 개정을 목적으로 한 발의를 채택할 권리가 있다.

국왕은 자신이 발의했던 헌법 개정안을 국민투표에 부칠 수 있다.

제173조

양 의회 중 어느 한 의회 의원의 1명 또는 다수가 제안하는 헌법 개정안은 그들이 속한 의회 의원 3분의 2 이상의 찬성으로만 채택될 수 있다.

위 개정안은 다른 의회로 이송되어 그 의회 의원 3분의 2 이상의 찬성으로 채택된다.

총리가 제출한 개정안은 내각에서 사안에 대한 토의를 한

الباب الثالث عشر
مراجعة الدستور

(الفصل ١٧٢)

للملك ولرئيس الحكومة ولمجلس النواب ولمجلس المستشارين، حق اتخاذ المبادرة قصد مراجعة الدستور. للملك أن يعرض مباشرة على الاستفتاء، المشروع الذي اتخذ المبادرة بشأنه.

(الفصل ١٧٣)

لا تصح الموافقة على مقترح مراجعة الدستور الذي يتقدم به عضو أو أكثر من أعضاء أحد مجلسي البرلمان، إلا بتصويت أغلبية ثلثي الأعضاء الذين يتألف منهم المجلس.

يُحال المقترح إلى المجلس الآخر، الذي يوافق عليه بنفس أغلبية ثلثي الأعضاء الذين يتألف منهم.

이후 국무회의에 제출된다.

제174조

헌법 개정안과 법률안은 국왕칙령에 의하여 국민투표에 부친다.

헌법개정은 국민투표 후에 최종적으로 채택된다.

국왕은 헌법재판소 소장의 자문 이후 헌법 규정의 일부 개정안을 의회에 칙령으로 제출한다.

국왕의 요청으로 소집된 의회는 양 의회 의원 3분의 2 이상의 찬성으로 이 개정안을 승인한다.

이 규정의 시행 방식은 하원의회 내규로 규정한다.

헌법재판소는 이 개정 절차의 타당성을 감시하고 그 결과를 공표한다.

يُعرض المقترح الذي يتقدم به رئيس الحكومة على المجلس الوزاري، بعد التداول بشأنه، في مجلس الحكومة.

(الفصل ١٧٤)

تُعرض مشاريع ومقترحات مراجعة الدستور، بمقتضى ظهير، على الشعب قصد الاستفتاء.

تكون المراجعة نهائية بعد إقرارها بالاستفتاء.

للملك، بعد استشارة رئيس المحكمة الدستورية، أن يعرض بظهير، على البرلمان، مشروع مراجعة بعض مقتضيات الدستور.

ويصادق البرلمان، المنعقد، بدعوة من الملك، في اجتماع مشترك لمجلسيه، على مشروع هذه المراجعة، بأغلبية ثلثي الأعضاء الذين يتألف منهم.

يحدد النظام الداخلي لمجلس النواب كيفيات تطبيق هذا المقتضى.

تراقب المحكمة الدستورية صحة إجراءات هذه

제175조

이슬람교, 국가의 왕정 체제, 국가의 민주주의 선택 및 이 헌법에 명시된 기본적인 자유 및 권리에 대한 성과와 관련된 규정은 개정할 수 없다.

المراجعة، وتعلن نتيجتها.

(الفصل ١٧٥)
لا يمكن أن تتناول المراجعة الأحكام المتعلقة بالدين الإسلامي، وبالنظام الملكي للدولة، وباختيارها الديمقراطي للأمة، وبالمكتسبات في مجال الحريات والحقوق الأساسية المنصوص عليها في هذا الدستور.

제14장
과도 규정과 최종 규정

제176조

이 헌법에 명시된 두 의회의 선거 때까지 현재의 두 의회는 특히 새로운 두 의회의 구성에 필요한 법률을 결정하기 위한 권한을 지속적으로 행사한다. 이때 이 헌법 제51조에 명시된 규정을 위반하지 않아야 한다.

제177조

현재의 헌법위원회는 이 헌법에 명시된 헌법재판소의 구성이 완료될 때까지 권한을 지속적으로 행사한다.

الباب الرابع عشر
أحكام انتقالية وختامية

(الفصل ١٧٦)

إلى حين انتخاب مجلسي البرلمان، المنصوص عليهما في هذا الدستور، يستمر المجلسان القائمان حاليا في ممارسة صلاحياتهما، ليقوما على وجه الخصوص، بإقرار القوانين اللازمة لتنصيب مجلسي البرلمان الجديدين، وذلك دون إخلال بالأحكام المنصوص عليها في الفصل ٥١ من هذا الدستور.

(الفصل ١٧٧)

يستمر المجلس الدستوري القائم حاليا في ممارسة صلاحياته، إلى أن يتم تنصيب المحكمة الدستورية المنصوص عليها في هذا الدستور.

제178조

최고사법위원회는 이 헌법에 명시된 최고사법위원회의 구성이 완료될 때까지 권한을 지속적으로 행사한다.

제179조

이 헌법 제12장에 언급된 기구 및 기관과 관련된 조항들, 경제 및 사회 위원회 그리고 최고교육위원회와 관련된 조항들은 이 헌법 규정에 따라 교체 때까지 계속 효력을 유지한다.

제180조

이 장의 과도 규정을 고려하여 이슬람력[40] 1417년 5월 23일자(1996년 10월 7일자), 번호 1-96-157 칙령 시행에 의하여 공표된 개정 헌법 조항은 폐기된다.

(الفصل ۱۷۸)

يستمر المجلس الأعلى للقضاء في ممارسة صلاحياته،
إلى أن يتم تنصيب المجلس الأعلى للسلطة القضائية،
المنصوص عليه في هذا الدستور.

(الفصل ۱۷۹)

تظل النصوص المتعلقة بالمؤسسات والهيئات المذكورة
في الباب الثاني عشر من هذا الدستور، وكذا تلك
المتعلقة بالمجلس الاقتصادي والاجتماعي وبالمجلس
الأعلى للتعليم، سارية المفعول، إلى حين تعويضها،
طبقا لمقتضيات هذا الدستور.

(الفصل ۱۸۰)

مع مراعاة المقتضيات الانتقالية الواردة في هذا الباب،
يُنسخ نص الدستور المراجع الصادر بتنفيذه الظهير
الشريف رقم ۱، ۹٦، ۱٥۷، المؤرخ ۲۳ من جمادى
الأولى ۱٤۱۷(۷ أكتوبر ۱۹۹٦).

주석

모로코 왕국 헌법

1 아마지그는 속칭 베르베르인들이 스스로를 부르는 말. 베르베르는 야만인을 뜻
  하는 그리스어 바르바로스에서 유래한 말로 상대를 비하하는 용어이기에 사용
  하지 않는다. 아마지그는 "고귀한" 또는 "자유민"이라는 뜻이다.

2 모로코 남부 사하라지역의 베두윈 하산 부족을 가리킨다. 이들은 15-17세기 사
  이에 모리타니아, 서사하라 등으로 퍼져나갔다. 주로 순니 이슬람을 따른다. 이
  들이 쓰는 말을 하산아랍어로라고 하는데, 오늘날 모로코를 비롯하여 모리타니
  아, 서사하라, 알제리, 말리, 니제르, 세네갈 등에서 널리 사용된다.

3 안달루스는 전통적인 무슬림 지역이었던 스페인 남부 지역을 가리킨다. 역사상
  모로코는 아프리카, 스페인 무슬림 지역, 유대인, 지중해 지역과 밀접한 관계를
  맺으며 발전하였다.

4 마그립은 아랍어로 서쪽을 뜻하는데, 보통 북아프리카를 통칭하는 말이다. 모로
  코의 아랍어명도 마그립이다. 대(大)마그립은 북아프리카 아랍이슬람문화권 전
  체를 일컫는 용어인데, 1988년 6월 모로코, 알제리, 리비아, 튀니지, 모리타니아
  는 역내 국가 협의체를 만들기로 합의하고 이듬해인 1989년 2월 모로코 마라케
  시에서 아랍마그립연맹을 창설하였다. 그러나 서사하라 문제를 둘러싼 모로코
  와 알제리의 대립으로 아랍마그립연맹은 유명무실한 기구가 되었다.

5 아랍어로 해안을 사힐이라고 하기에 이들 국가를 사힐·사하라 국가라고 부른
  다. 사힐·사하라국가공동체(The Community of Sahel-Saharan States)는 1998
  년 6개국으로 시작하였으나 현재 회원국이 27개국으로 늘어났다. 모로코는
  2001년에 가입하였다.

6 움마는 아랍어로 공동체를 뜻한다. 이슬람문화에서 신앙공동체를 움마라고 하

였다.

7 모로코 영토는 2015년 이래 12개 지역으로 나뉘고, 이는 다시 75개의 행정구역
으로 분류된다.

8 이슬람교에서 경배하는 창조주 유일신을 가리키는 아랍어. 한국 무슬림들은 보
통 하나님으로 번역한다.

9 모로코의 아랍·이슬람문화와 예언자 무함마드의 사촌동생이자 사위인 알리의
후손이 다스리는 왕국의 정체성을 잘 드러낸 좌우명이다. 독립 후 채택되었다.

10 아마지그어는 이른바 베르베르어를 가리키는 말이다.

11 모로코 남부 사하라지역의 베드윈 하산 부족과 이들의 언어문화를 가리킨다.

12 2011년 7월 헌법에 처음 명시된 사항인데 아직 설립되지 않았다. 현재 설립과
관련한 세부사항을 논의 중이다.

13 약 30여 개의 정당이 활동하고 있으나 대중적 지지를 기준으로 보면 정의개발
당, 정통현대당, 독립당, 대중전선, 진보사회당, 독립국민모임 등 6개의 정당이
유력하다.

14 해외 모로코인들은 프랑스에 약 150만명을 비롯하여 스페인, 이탈리아, 벨기에
등 주로 서유럽 국가에 많이 살고 있다.

15 성년은 18세다. 18세에 투표권을 행사할 수 있고, 입후보의 경우 하원의회는 23
세, 자문의회는 30세에 가능하다.

16 2010년 1월 3일 모로코 정부는 각 지역정부에 중앙정부의 권한을 이양하기 위
하여 지방자치 협의회를 구성하였고, 행정구역을 새롭게 조직하였다. 이에 따라
2015년 9월 14일 지역의회가 대표를 선출하고, 10월 13일 지역 수반이 임명되
었다. 기존에 왕이 임명하여 지역으로 보낸 대표 대신 각 지역 자치정부가 지역
살림을 이끈다.

17 모로코는 심각한 물부족 국가로 전체 경작지의 15퍼센트만이 관개수로의 혜택
을 받고 있다. 효과적인 대책이 필요한 실정이다. 특히 농촌 지역은 수원이 부족
하여 식수 및 농업과 목축용 수자원 확보를 위해 정부와 국제기구의 지원사업이
이루어지고 있다.

18 합법적인 혼인연령은 남녀 모두 18세다. 그러나 지역에 따라 판사 재량으로 18 세 이전 혼인을 허가하는 경우도 있다. 2012년 3월 16세 소녀 아미나 필랄리가 강간남과 강제 결혼을 당하자 자살하면서 18세 이하 소녀를 강간한 자와 피해자 가 결혼을 하면 처벌을 면하게 한 형법 제475조를 2014년 1월 모로코 의회가 개 정하였다.

19 대표적인 광물자원으로 매장량 세계 1위인 인광석을 비롯하여 중정석, 납, 망간, 철, 구리 등이 유명하다.

20 2016년 기준으로 모로코군은 이집트, 알제리에 이어 북아프리카에서 3번째로 강한 군대로 평가받고 있다. 육해공군 삼군으로 구성되고, 내무부에서 관장하는 왕립수비대와 군경이 있다. 군은 모병제로 20세부터 지원 가능하고, 징병의 경 우 18세부터 징집하며 18개월이 의무복무 기간이다. 예비군은 50세까지다. 군 인수는 정규군 19만 8천명, 예비군 17만 5천명으로 모두 37만 3천명이다.

21 1981년 무슬림의 종교생활을 돕기 위해 만든 기관. 2011년 7월 1일에 개정된 헌 법 제41조에 처음으로 관련 조항이 언급되었다. 국왕이 주재하는 최고울라마위 원회는 이슬람종교부 장관, 지역협의회 대표 30명, 국왕이 임명한 15명의 이슬 람학자로 구성된다.

22 파트와는 이슬람법학자가 법과 관련된 질문을 받았을 때 내어 놓는 법적인 의견 을 말한다. 파트와를 발행하는 이슬람법학자를 무프티라고 한다.

23 이마라는 지도력이라는 뜻의 아랍어다. 지도자를 아미르라고 하는데, 전통적으 로 신앙의 지도자를 아미르 알무으미닌이라고 하였다. 모로코 국왕은 신앙의 지 도자 역할을 맡고 있다.

24 총리는 선거 결과를 바탕으로 국왕이 임명한다.

25 무함마드 6세는 1999년 7월 23일 부왕 하산 2세가 사망하자 왕위를 승계하여 현재까지 모로코를 통치하고 있다. 1963년 8월 21일생으로 왕비 살마 벤나니와 2001년 혼인하여 슬하에 1남 1녀를 두고 있다. 2003년생 아들 물레이 하산이 현 재 왕세자다.

26 예언자 무함마드의 사촌동생이자 사위인 알리의 후손으로 알려진 모로코 왕가

는 1631년 샤리프 이븐 알리가 모로코 동쪽의 오아시스 지역 타필랄트를 장악한 이래 오늘날까지 모로코를 다스리고 있다.

27 연간 왕실 비용은 공개되지 않고 있고 이를 언급하는 것은 사회적 금기다.

28 2017년 4월에 구성된 사으드 알딘 알우스마니 총리 내각은 19명의 장관, 13명의 국가비서관, 6명의 총리대리 장관으로 구성되었다.

29 모로코은행은 국립중앙은행으로 1959년 설립되었다.

30 현 하원의회는 2016년 10월 7일 선거로 구성되었다. 투표율은 43퍼센트로 저조하였다. 정의개발당이 395석 중 125석을 차지하였다. 305석은 92개 선거구에서 투표로 선출하고, 나머지 90석은 전국 단일선거구에서 뽑는데, 60석은 여성, 30석은 40세 이하 후보에게 돌아간다.

31 최고울라마위원회는 단순 개종, 즉 정치적 목적을 지니지 않고 이슬람에서 다른 종교로 개종하거나 이슬람을 떠나는 배교를 사형으로 다스리지 않는다고 선언했다.

32 수권법(授權法)은 행정부가 법을 만들 수 있도록 국회가 행정부에 입법권을 위임하는 법률. 프랑스와 같다.

33 모로코의 공식 통용화폐 단위는 디르함이다. 화폐는 20, 50, 100, 200 디르함, 동전은 1/2, 1, 2, 5, 10 디르함이 있다.

34 일반법원과 특별법원 외의 법원은 설립할 수 없다는 뜻이다.

35 기속(羈束)한다는 말은 강제로 얽어맨다는 뜻임. 즉, 헌법재판소의 위헌결정을 모든 공권력과 행정부 및 사법부가 반드시 따라야 한다는 말이다.

36 지방자치단체의 성향이 강한 조직으로 이해되나, 모로코의 특성상 용어를 그대로 사용하였다.

37 모로코의 행정구역은 상당히 복잡하다. 일단 크게 지역으로 나누고 난 후 2차 구역이 도와 주다. 도는 대도시 중심으로, 주는 이보다 작은 도시나 농촌을 중심으로 구성되는 경향을 보인다. 그리고 이보다 작은 단위가 공동체로 도시나 기타 구역으로 구성된다.

38 우리나라의 방송통신위원회와 유사한 역할을 수행한다.

39 우리나라의 공정거래위원회와 유사한 역할을 수행한다.

40 이슬람력은 622년을 원년으로 삼고 달의 삭망을 기준으로 하는 순태음력이다. 일년이 354일로 태양력과 11일 차이가 나지만 윤일을 사용하지 않는다. 2017년 9월 21일 또는 22일이 이슬람력 1439년 1월 1일이다. 국가마다 하루 정도 차이가 나는데 이는 초승달을 육안으로 보아야 새로운 달이 시작한 것으로 간주하기 때문이다.

지중해의 다문화 용광로

모로코 왕국

1. 개관

국명	모로코 왕국(The Kingdom of Morocco)
최고 통치자(국왕)	무함마드6세(1999.7.30 ~ 2017년 현재 재위 중)
정부형태	입헌군주제 • 정부 수반: 총리. 총리는 의회 선거에서 다수당을 차지한 정당에서 국왕이 임명함. 2017년 3월 17일 사으드 알딘 알우스마니가 총리로 임명됨. • 내각은 하원과 협의를 거쳐 국왕이 구성함.
의회	• 하원의회 • 자문의회
수도	• 라바트
독립일	1956년 3월 2일(프랑스로부터 독립)
면적	710,850㎢(한반도의 3.2배, 세계에서 40번째 크기)[1]
인구 및 인종	• 인구: 약 34,000,000명(2016년 말 기준) • 인종: 아랍-베르베르인 99%, 기타 1%
국어	• 공용어: 아랍어, 아마지그어(베르베르어) • 기타 언어: 프랑스어(사업, 행정, 외교에서 주로 사용함)
종교	• 무슬림 99%(순니 이슬람) • 국교는 순니 이슬람이고, 법학파는 말리키 법학파를 따름 • 기타 1%(시아 이슬람, 그리스도교, 유대교, 바하이교 등)
GDP(국민총생산)	1,159억달러(2015년)
1인당 GDP	3,085달러(2015년), 7,931달러(2015년/구매력지수 기준), 8,150달러(2016년 전망/ 구매력지수 기준)
화폐 단위	모로코 디르함(MAD)
기후	지중해성 기후(북부), 대륙성(중부), 사막성(남부)

국경일/공휴일	・11월 18일. 1956년 3월 2일 프랑스로부터 독립했으나 독립기념일은 독립선언일인 1955년 11월 18일로 지정함. ・7월 30일(1999년 7월 30일 무함마드 6세가 왕위로 등극한 날)
국기와 국장 (왕실기)	**국기:** 1666년에 처음으로 빨간색만으로 된 깃발이 사용되었으며, 1915년에 초록색 오각별 디자인이 추가됨. 1956년 3월 2일에 공식적으로 국기로 제정됨. 초록색 오각별은 '솔로몬의 별'이라고도 함. 빨간색은 이슬람 예언자 무함마드의 자손임을 의미하고, 초록색은 이슬람을 상징하며, 오각별은 이슬람교의 다섯 기둥을 의미함. **국장(왕실기):** 1957년 8월 14일 제정됨. 붉은 색 배경 위에 아틀라스산맥과 떠오르는 태양을 그리고, 그 위에 녹색의 오각별(솔로몬의 별)을 그림. 왕관을 맨 위에 그림. 이슬람지역에서 서식하는 두 마리의 사자는 방패를 붙잡아주는 역할을 하며, 아래 부분의 리본에는 아랍어로 "너희들이 알라를 돕는다면, 알라께서도 너희들을 도우시리니"라는 코란(47장 7절) 구절이 쓰여져 있음.
한국-모로코 수교	1962년 7월 6일(주 모로코 상주공관 1962년 9월 개설. 주 한국 모로코 상주공관 1988년 12월 개설) * 북한-모로코 수교: 1989년 2월 13일

2. 모로코, 다문화의 용광로

1) 고대: 다양한 문명이 모로코에서 부침하다.

구석기 시대(기원전 190,000~90,000년 사이)부터 모로코 지역에 사람이 거주해 왔던 것으로 알려져 있었으나, 최근(2000년대) 대서양 근교 자발 이루드에서 발견된 호모사피엔스 화석을 과학적으로 분석한 결과에 따르면 거의 315,000년 전에 이곳에 인류가 거주했던 것으로 밝혀졌다. 모로코는 역사적으로 유럽, 아랍, 아프리카의 여러 앞선 문명국들의 침입과 이주로 인한 다양한 문명과의 교류를 통해 오늘에 이르고 있다. 베르베르인의 선조로 알려져 있는 리비아인 또는 무어인은 주로 남유럽, 사하라, 이집트로부터 이주해 온 이주민들인데, 기원전 15세기부터는 베르베르인들이 오늘날 모로코 지역에 정착하였다. 기원전 8세기에 페니키아인이 모로코 지역에 들어와 상업거래소를 설치했고, 기원전 5세기에는 카르타고인들이 이 지역을 점령했다. 46년에 로마의 속주가 되었고, 5세기에 반달족, 6세기에 비잔틴제국이 해안 지역을 중심으로 지배했다. 점령세력이 통제하기 불가능한 리프산맥, 아틀라스지역, 사하라지역은 지역 지도자들이 독자적으로 통치할 수 있었다.

베르베르인 일부는 로마 통치기에 소개된 그리스도교와 유대교에 동화되기도 했으나 대부분은 원시종교를 믿고 있었다. 7세기 말에 아랍인들이 이슬람 깃발을 들고서 이 지역을 점령하면서 베르베르인들은 이슬람을 받아들였고, 아랍이슬람문화와 베르베르문화가 상호 융합하기 시작했다. 알무와히둔조 (1121~1269년)[2] 시기에 모로코 지역은 완전히 이슬람화되었다.

788년에 이드리스 1세가[3] 모로코에 최초의 아랍왕조인 이드리스 왕조(788~974년)를[4] 수립한 이후, 여러 독립 왕조가 이 지역을 통치했다. 특히 이베리아와 북서 아프리카의 일부분까지 확장한 알무라비툰조(1040~1147년)와[5] 알무와히둔조 하에서 그 힘은 절정에 다다랐다. 이후 마린조(1244~1465년), 와타스조(1472~1554년), 사으디조(1509~1659년)는 외세에 맞서는 투쟁을 지속했다. 사으디조 시기에 오스만 제국과 포르투갈의 침략을 물리치고 크게 번성했다. 그리스도교의 레콩키스타 (Reconquista)[6] 말기인 15세기 말에 스페인의 중부, 남부 지역에서 무슬림 통치가 종식되었는데, 이때 많은 무슬림과 유대교도가 모로코로 이주하였다.

정치체제 측면에서 보았을 때, 16세기에 경쟁적인 샤리프[7]와 이슬람 성직자들이 이끄는 근대적인 마흐잔[8] 정치구조를 갖추게 되었다. 16세기 중엽에 지배권을 획득한 사으디 샤리프는 가족이나 부족 단위로부터 군사 지원을 받을 수 없었다. 왜냐하면 (단명한 이드리스 왕조를 제외한) 이전의 통치자들과는 달리 사으디 샤리프는 강력한 부족도 아니었고, 그러한 부족 그룹의 구성원도 아니었기 때문이다. 그들은 모로코를 통합하고 세금을 거두기 위해서는 강력한 군사력이 필요했기 때문에 알제리에서 터키 고문관들이 했던 방식, 즉 군역에 대한 대가로 일부 부족의 세금을 면제해주고 토지를 임대해주는 방식을 도입했다. 구이시[9]로 알려진 이 부족들이 마흐잔의 핵심이었다. 그러므로 마흐잔은 엄격히 말해서 가족 중심의 체제가 아니었다. 모로코가 유럽과 같은 근대 국가체계로 진입한 것은 아흐마드 알만수르 (1578-1603) 시대였다.

현 모로코 왕가인 알라위조(1631~현재)는[10] 이슬람의 예언자 무함마드의 사촌이자 사위인 알리의 후손인 샤리프 이븐 알리가 1631년에 타필랄트의 술탄이 되면서 시작되었다. 샤리프의 아들 물레이 알라시드(1664-1672 재임)는 중앙통치체제를 구축함으로써 알라위조의 기반을 튼튼하게 구축했다. 오늘날까지도 파티마와 알리의 후손 가계인 알라위 가문은 이슬람 예언자 무함마드의 후손임을 자랑스럽게 여기고 있다. 알라위조는 1666년에 모로코 지역을 재통일하였고, 스페인과 오스만 제국 연합군의 침략을 받았으나 이를 저지하고 왕국을 유지할 수 있었다. 모로코는 북아프리카 국가 중 오스만 제국의 지배를 받지 않은 유일한 국가이기도 하다. 특히 술탄 이스마일 이븐 샤리프 (1672-1727 재임)는 통일 왕국을 건설하였는데, 1684년에 영국 으로부터 딴자를 회복하고, 1689년에 알아라이시에서 스페인을 축출했다. 모로코는 1777년에 세계에서 최초로 신생국 미국을 승인했고, 그로부터 10여년 후인 1786년에 모로코-미국 우호조 약을 맺은 이후 오늘날까지도 양국의 우호관계는 지속되고 있 다.

2) 근대: 서구 식민지 제국의 분할 점령지가 되다.

19세기부터 1956년 독립 때까지 모로코는 아프리카와 중동 의 다른 지역과 마찬가지로 유럽 강대국들 간 분할 점령의 대상 이었다. 1912~1956년 기간에 모로코는 프랑스와 스페인의 보 호령이었는데, 특히 프랑스 식민제국주의는 모로코에 프랑스인 을 대규모 이주시키고, 프랑스 문화와 프랑스 교육제도를 이식하였다.

산업혁명을 거쳐 근대화에 성공한 유럽 열강은 모로코를 식민지화하기 위해 각축전을 벌였다. 1830년경에 알제리 영토 보호라는 명분과 두 개의 대양 사이에 위치해 있는 지정학적 · 전략적 가치 때문에 유럽 국가들은 모로코를 탐내고 있었다. 1844년 발생한 프랑스-모로코 전쟁에서 모로코가 패배했고, 1856년에 영국은 관세 제한, 국왕의 무역 독점권 종결을 주요 내용으로 하는 영국-모로코 우호조약에 서명할 것을 강요했다. 스페인도 아프리카 정복이라는 국가적 열망을 성취하기 위해 모로코에 전쟁을 선포했다. 스페인령 세우타의 국경문제를 명분으로 스페인은 1859년 10월 22일 전쟁을 선포했다. 스페인-모로코 전쟁은 스페인 승리로 끝났고, 이에 따라 1860년 4월 26일 와드-라스 조약을 맺었다. 이 전쟁에서 승리한 스페인은 세우타 통치지역을 확대하고 정착민을 늘려나갔으며, 1884년에 모로코의 해안 지역을 보호령으로 삼는다고 선언했다.

한편, 1880년 마드리드 회의에서 모로코의 독립을 보장하긴 했지만, 다른 유럽 열강에 비해 프랑스가 모로코에서 가장 큰 영향력을 갖게 되었다. 또한 1904년 모로코 술탄을 무시하고 영국, 이탈리아, 프랑스 간 맺어진 앙탕트 코르디알[11]은 마그립 지역을 유럽의 영향력이 미치는 지역, 특히 모로코의 많은 부분을 포함한 아프리카를 프랑스 영향력 지역으로 할양한다는 것과 모로코 일부를 스페인 영향력이 닿는 지역으로 한다는 데에 합의했다. 이러한 유럽 열강의 분할 통치에 대해 후발 주자인 독일은 의도적으로 1905~1906년과 1911년에 모로코 위기를 조장했다. 1차 모로코 위기는 알헤시라스 회의에서 해결되었으나, 독일은 또 다시 1911년 아가디르 위기를 조장함으로써 유럽 국가들 간 긴장이 고조되었다. 아가디르 위기로 유럽 강대국들 간 긴장이 증대되는 가운데 1912년 3월 30일 '프랑스가 모로코를 보호한다'는 프랑스와 모로코 간 1차 파스조약, 1912년 11월 27일 프랑스-스페인 간 2차 파스조약이 체결되었다. 2회에 걸친 파스조약에서 스페인은 사하라 지역과 모로코의 북부지역을 보호령으로 하고, 프랑스는 모로코 중부 지역을 보호령으로 삼았다.

모로코는 1912년에 스페인 보호령과 프랑스 보호령으로 분리되어 1956년까지 이 두 나라의 보호국으로 남아 있었다. 모로코 민족주의자들이 파스조약을 폭로하였고, 이에 따라 1912년 파스폭동, 스페인과 리프 산악지대 거주 제발라 부족 간 리프전쟁 (1919-26)이 발생하였다. 스페인에 저항한 세력들은 압델 크림

〈프랑스-스페인의 모로코 분할 점령(제2차 파스조약)〉

출처: Sahara Portal. (http://www.sahara-online.net/eng/SaharaHistory/
ColonialEra.aspx, 검색: 2017.09.28.)

을 중심으로 리프 산악지대에 리프공화국을 건설하기도 했다.
프랑스군과 스페인군에 의해 진압되긴 했지만, 1921년 7월과 8
월 사이에 13,000여 명의 스페인군인이 전사하였다. 한편 프랑스, 스페인, 영국은 1923년 12월 맺은 딴자의정서에서 딴자를 국제관리지대로 한다는 데 합의했다. 또한 프랑스가 모로코를 보호령으로 삼는 것을 독일이 승인해 주자, 반대급부로 프랑스는 프랑스령이었던 적도 부근의 콩고 중부 아프리카 식민지(현 콩고공화국)를 독일에 할양했다. 그러나 제1차 세계대전에서 연합국이 이 지역을 점령하면서 독일의 통치는 종결되었다. 사이크스-피코 협정에 따라 오스만 터키령이었던 중동지역을 분할 점령했던 것과 마찬가지로 유럽의 제국주의 열강은 모로코를 포함한 아프리카 지역을 분할 점령한 것이다.

리프전쟁 직후인 1927년에 무함마드 5세(1909~1961)가 즉위했다. 그는 민족주의자들과 함께 독립운동을 시도하다가 1953년 프랑스 당국에 의해 강제로 마다가스카르로 망명했다. 프랑스가 무함마드 5세를 망명 보내고, 무함마드 벤 아라파를 그 자리에 앉히자 프랑스와 스페인의 신탁통치에 반대하는 독립운동이 발생했다. 무함마드 5세가 1955년 11월 18일 망명지에서 모로코의 독립을 선언하자, 프랑스는 그를 국내로 복귀시키고, 다음 해인 1956년에 프랑스와 스페인이 이를 인정함으로써 '모로코 왕국'이 수립되었다. 1957년에 무함마드 5세는 국왕으로 즉위했다. 스페인도 세우타와 멜리야를 제외한 모로코 북부지역

지중해 해안의 신탁통치 지역을 모로코 왕국에 양도했다.

모로코의 전통적인 통치자인 알라위 왕조의 술탄은 1912년 이후에는 프랑스 포로나 마찬가지였지만, 모로코의 이슬람 정체성의 상징으로 남아있었다. 식민통치를 위해 프랑스는 주도권 싸움을 하고 있던 모로코의 무슬림 지도자들을 화해시키려고 시도하면서도 술탄을 프랑스 식민통치의 도구로 이용하려고 했다. 그래서 술탄은 모로코인들에게 프랑스 식민제국주의의 협력자라기보다는 프랑스 식민통치의 희생자로 각인되었고, 이러한 이미지는 술탄을 중심으로 1956년 독립을 쟁취하는 데 많은 도움이 되었다.

한편, 제2차 세계대전 중인 1943년에 독립당이 창당되어 독립운동을 시작했다. 프랑스 식민지 시대 민족운동의 지도자를 양성하고 해방운동을 주도했던 독립당은 전통주의를 지향하는 반식민주의 세력이었으나 술탄인 무함마드 5세가 민족주의 운동을 주도하기 시작한 1947년 이후부터 그 존재 이유를 상실하기 시작했다. 무함마드 5세가 다른 아랍 국가들에게 모로코 독립의 대의명분을 호소하기 위해 1947년 5월 무함마드 알랄 알 파시를 카이로에 파견할 때에도 독립당과 직접 접촉하지 않았다. 이때부터 술탄의 지도력은 모로코 내 다른 어떠한 세력보다

도 강하게 되어 결국 1956년에 술탄 중심으로 독립을 쟁취하게 되었다. 도시 중산층의 아랍민족주의자들의 지지를 받는 독립당, 자유군대, 독립민주당, 국왕 추종 세력 등이 독립 당시 모로코의 주요 정치세력이었다.

3) 현대: 근대 국가를 건설하다.

무함마드 5세는 1927년부터 1953년까지 모로코의 술탄이었고, 1953년부터 1955년까지 마다가스카르로 추방되었다가, 1955년 11월 16일 모로코로 돌아와 다시 술탄이 되었다. 그는 1956년 3월 2일 프랑스-모로코 독립선언 합의를 이끌어냄으로써 결국 독립을 쟁취했다. 1957년부터 1961년까지 국왕으로 통치하다가 1961년에 사망했다. 1956년에 무함마드 5세는 모로코 왕실군대를 창설하고, 딴자를 모로코에 재통합했다. 민족주의자이자 당시 술탄이었던 그는 1951년 2월 프랑스가 만들어 준 명목상의 술탄 자리를 사임한 후, 프랑스 대통령에게 완전한 주권을 요구하는 편지를 썼다. 그러나 프랑스는 이를 거부하고 압둘 하이 알키타니(Abdul-Hayy al-Kittani)를 술탄으로 임명해버렸다(Abun-Nasr 1987, 391). 다른 한편으로 모로코 내 수피 종단과 베르베르 부족장들을 중심으로 반(反) 술탄 무함마드 운동이 전개되기도 했다. 그러나 프랑스와 부족장들 간 갈등이 고조되고 모로코 대다수 국민들이 무함마드 5세를 지지하자 프랑스는 할 수 없이 그를 술탄으로 인정할 수밖에 없었다. 프랑스 외무장관과 술탄 무함마드 5세가 회담을 갖고 모로코의 독립에 합의함으로써 1956년 3월 2일 독립 '모로코 왕국'이 건설되었다.

1956년 독립 이후, 초기 모로코 왕국은 국왕에 권력이 집중된 입헌군주제였다. 무함마드 5세 국왕이 1961년에 사망하자 곧바로 하산 2세(1961~1999)가 국왕으로 즉위했다. '알라, 국가, 국왕'을 국가의 좌우명으로 삼고 있고, 양원제 의회를 채택하고 있는 모로코는 2017년 현재 무함마드 6세 국왕(1999~2017년 현재)이 국가 원수이고, 물레이 알하산이 왕세자다.

독립 초기 무함마드 5세 국왕과 하산2세 국왕 재임 시기에 지방반란(1958년, 1972년), 스페인 및 알제리와의 국경전쟁, 여러 음모에 따른 갈등, 군부 쿠데타(1963, 1971, 1972, 1973, 1983), 도시폭동과 전국적 대중 시위(1965, 1967, 1977, 1981, 1984)가 발생했고, 학생, 노동자, 도시 실업자들이 여러 형태로 사회정치적 항의시위를 벌였으나 모두 진압되었다.

무함마드 5세의 사망 후 왕위를 계승한 하산 2세는 국왕의 절대권력을 바탕으로 국가 근대화, 의회 설립, 하산식 민주주의를 추진했다. 1963년에 최초로 총선이 실시되기도 했으나, 하산 2세는 1965년에 국가비상사태를 선언하고 의회를 해산하는 등 절대권력을 추구했다. 1971년에 국왕을 폐위시키고 공화정을 건설하는 것을 목적으로 하는 스키라트 궁전 쿠데타가 발생했으나 무함마드 우프키르 장군이 이 쿠데타를 진압했다. 1971년 쿠데타 전후에 정부 고위직을 두루 거치면서 우프키르의 정치 권력은 하산 2세에게 위협이 될 정도로 강화되었으나, 1972년 두 번째 반 하산 2세 쿠데타 모의 혐의로 기소되었고, 그로부터 얼마 안 되어 정부는 그가 자살했다고 발표하였다.

1990년대에 들어서서 하산 2세 국왕은 국왕에게 최종적인 정책결정 권력이 주어지는 한 중요한 정치적 자유를 허용한다는 '하산식 민주주의'를 추진하기도 했고, 양원제를 골자로 한 헌법 개정(1997년)으로 의회에 많은 권한을 주었다. 하산 2세는 과거 대표적인 야권 인사였던 압델 라흐만 유수피 사회당 당수를 1998년 2월에 총리로 임명하여 중도좌익 계열인 사회주의 세력과 민족주의 세력으로 연합 정부를 구성하고, 원만한 국정운영을 기반으로 점진적인 정치 민주화를 추진해 왔다.

하산 2세의 사망으로 1999년 7월 30일 무함마드 6세가 국왕으로 즉위했다. 그는 하산 2세의 두 번째 부인에게서 태어났는데, 태어나자마자 법적 왕위 상속인 왕세자가 되었다. 그는 왕립학교에서 초중등 과정을 마쳤고, 무함마드 5세 대학에서 학사(1981년), 석사(1985년) 학위를 받았으며, 1993년 10월 프랑스의 니스 소피아 안티폴리스 대학에서 법학박사 학위를 받았다. 1994년에 군 소장, 고등문화위원회 의장, 모로코 왕실군대 총사령관으로 임명되었다. 그는 1999년 7월 30일 국왕으로 즉위하여 2017년 현재 국왕직을 수행하고 있다.

무함마드 6세는 국왕 즉위 직후부터 사회개혁과 정치 자유화를 추진했으나 여성 지위 향상, 모로코 인권 개선과 같은 개혁정책은 보수적 이슬람주의자들의 반대에 직면했다. 2010년 12월 고발 웹사이트인 위키리크스는 국왕이 높은 수준의 부패를 저지르고 있다고 폭로했다. 이에 더하여 2011년에는 정치 불신이 팽배한 가운데 정치개혁과 국왕의 권한 축소를 요구하는 대규모 항의 시위가 발생했다.

이에 따라 2011년 3월 9일 행한 연설을 통해, 의회에 많은 권한을 부여하고, 사법부에 독립 권한을 부여한다고 약속하고, 2011년 6월에 헌법 초안 법학자위원회를 구성했다. 소위 '아랍의 봄'으로 알려진 시민들의 불만과 항의를 달래기 위해 국왕이 제안한 헌법 개정안은 7월 시행된 국민투표에서 압도적 지지를 받았다.

한편, 일부 영토의 영유권 문제를 둘러싸고 모로코와 주변 이해당사국들 간 분쟁이 끊이지 않고 있다. 예를 들면, 뻬레힐 섬 분쟁, 멜리야 자유항 분쟁, 세우타 자치도시 분쟁, 서사하라 분쟁은 오늘날까지 미해결 상태로 남아있다.

3. 불안한 평화 지대, 서사하라 문제

현재 모로코가 직면한 가장 중요한 정치외교 문제는 서구 열강이 인위적으로 국경을 획정한 서사하라 문제이다. 1975년 녹색대행진 이전이나 이후에나 서사하라 문제는 매우 복잡한 분쟁 양상을 보여주고 있다. 서사하라 문제는 직접적으로 모로코와 폴리사리오 간 분쟁이지만, 여기에 이해관계를 가진 스페인, 알제리, 모리타니아가 개입하면서 복잡한 양상을 띠고 있다. 유엔의 개입에도 불구하고 아직 미해결 분쟁지역으로 남아 있다.

1975년 5월 23일, 스페인은 '누구에게' 이양할 것인가에 대한 언급 없이 '가능한 빠른 시일 내에 주권을 이양할 것'이라고 선언했고, 10월 14일, 유엔사절단은 '폴리사리오의 독립 요구를 수용한다'는 보고서를 발표했다. 11월 14일 마드리드 협정이 맺어졌다. 서사하라 문제를 해결하기 위해서는 '① 스페인이 서사하라를 식민지화하기 전에 그 영토가 어느 국가에 속했는가, ② 어

〈모로코, 스페인, 모리타니아, 알제리 간 분쟁 지역〉

* 서사하라는 모로코, 모리타니아, 스페인, 알제리 간 분쟁 지역이고, 세우타, 뻬레힐 섬, 멜리야는 모로코와 스페인 간 분쟁 지역임.

느 국가에도 속하지 않았다면, 서사하라 주민과 모로코 및 모리타니아의 주민 사이에 어떠한 법적 연대성이 있는가'라는 문제가 먼저 해결되어야 할 것이다. 모로코와 모리타니아 두 나라는 각자 자국이 서사하라인들과 더 깊은 연대감을 갖고 있다고 주장함으로써 국제법적으로나 현실적으로 미해결 상태로 남아 있다. 모로코 법률가들은 서사하라인들이 역사적 · 종교적으로 모로코 술탄에게 충성했다고 주장하고 있다. 그들은 서사하라는 시바 영토라고 주장한 빌라드 알시바의 식민지 이론을 활용했다. 모리타니아 정부도 모리타니아와 서사하라 두 영토에 사는 부족들 사이에는 공통된 역사적 정체성을 갖고 있다고 주장하고 있다. 그래서 국제사법재판소는 모로코 술탄과 서사하라 일부 지역의 주민들 사이에 역사적 연계가 있음도 인정하고, 모리타니아도 이와 비슷한 연계가 있음을 인정했다. 이러한 논리는 결국 서사하라인들이 자결권을 가진다는 것을 의미한다. 1975년 12월 13일 유엔총회결의 3292호도 국제사법재판소의 결정을 지지했다. 1975년 7월 14일 폴리사리오가 스페인군을 마지막으로 공격한 후, 스페인과 폴리사리오 간 정전에 들어갔고, 스페인 군 당국은 서사하라의 대부분 영토를 폴리사리오 영토로 인정했다. 폴리사리오와 스페인 간 짧은 평화 기간에 모로코 정규군이 서사하라 지역으로 진출하여 스페인과 모로코 간 긴장이 조성되었다. 1975년 10월 16일, 모로코 하산 2세 국왕은 서둘러 국영방송에 출연하여 국제사법재판소가 모로코와 서사하라 간 전통적인 관계를 인정한 것은 서사하라에 대한 모로코의 주권을 인정한 것이라고 선언했다.

스페인 식민통치 시기부터 독립운동을 추진해 왔던 폴리사리오는 1976년 2월 28일 알제리 틴두프에 거점을 정하고, 자칭 국가이자 일종의 망명 정부인 사하라아랍민주공화국의 수립을 선포하였으며, 알제리 지원 아래 서사하라 독립을 위한 대(對) 모로코 게릴라 무력항쟁을 개시했다. 스페인 식민지(1884~1976년)를 거쳐 역사상 최초의 독립국 수립을 선언한 것이다. 폴리사리오는 "1975년 11월, 102명의 원로 스페인 예마[12] 중 67명이 겔타 젬무르에서 회합을 하고 '폴리사리오가 서사하라인들의 유일한 정당한 대표'라고 선언했다"고 주장했다.

1975년 10월 18일에 프랑코 정부가 붕괴되었고, 1975년 11월 6일, 하산 2세 국왕은 한 해에 모로코에서 태어나는 아기의 수와 같은 수인 35만 명의 시민들이 자발적으로 스페인 사하라로 행진할 것, 즉 이주할 것을 요청했고, 3일 내에 52만 4,000명이 지원했다. 야당, 팔레스타인해방기구와 대다수 아랍 국가들뿐 아니라 미국도 이러한 이주정책에 반대하지 않았다. 모로코 국경을 넘는 녹색행진 참여자들을 향해 스페인 군대는 일체 관여하지 않았다. 그로부터 한 달 후에 스페인이 스페인 사하라에서 떠나기로 약속하면서 이곳은 모로코-모리타니아 공동 통제지역이 되었다.

1975년 11월 14일, 스페인·모로코·모리타니아 정부는 공동으로 서사하라를 관리하기로 합의했으며, 11월 20일 프랑코가 사망하고, 1976년 1월 12일까지 모로코 군대와 소수의 모리타니아 군대가 할당 지역에 진주했다. 1976년 2월 26일, 스페인 군대가 서사하라에서 철수하면서 공식적으로 스페인 통치는 끝났다. 1976년 2월 28일에 이곳을 모로코와 모리타니아 영토로 분할한다는 데 합의했다. 1975년 폴리사리오는 알제리의 도움으로 암갈라 전투에서 모로코 군을 격퇴했지만,[13] 전체적인 전력에서 우월한 모로코군의 진주를 막을 수 없었기 때문에 폴리사리오는 알제리 국경을 따라 난민 캠프를 설치하고 장기적인 게릴라전을 시작했다.

알제리에 거주하는 서사하라 난민 수가 165,000여 명이라고 주장하면서 폴리사리오를 지지해왔던 알제리도 서사하라에 대한 주권을 주장함으로써 서사하라를 둘러싼 분쟁은 복잡한 양

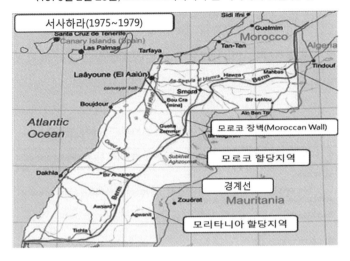

〈1976년 2월 28일, 모로코-모리타니아 간 서사하라 분할 합의〉

상을 띠게 되었다. 모로코와 모리타니아가 서사하라를 분점했

고, 모로코군과 알제리군이 충돌했으며, 모로코와 폴리사리오

간 분쟁이 지속되고 있다. 1983년 하산 2세는 정치 불안정과 경

제 위기를 이유로 이미 계획되어 있었던 의회 의원 선거를 취소

하기도 했다. 1988년에 모로코와 알제리 간 외교관계는 복원되

었고, 1990년대 중반에 제임스 베이커 유엔 사무총장 개인특사

의 중재안에 따라 유엔 사무총장은 2001년 6월 베이커 특사가

작성한 7개항으로 되어 있는 '서사하라 지위에 관한 기본협정' 초안에 기초하여 모로코와 폴리사리오 간 정치적 타협을 시도했으나 알제리와 폴리사리오 측의 반대로 결국 진전을 보지 못했다.

〈베이커 특사가 제안한 '서사하라 지위에 관한 기본협정'〉

6.　The Secretary-General of the United Nations will offer his mediation and good offices to assist the two parties hereto in the implementation or interpretation of this agreement.

7.　The parties agree to implement this agreement promptly and request the assistance of the United Nations to this end.

Executed this _____ day of _____ 2001.

Kingdom of Morocco　　　　　　　　　Frente POLISARIO

WITNESSED:

Government of Algeria　　　　　　　Government of Mauritania

Secretary-General of the United Nations

In order to promote an agreed resolution of the dispute over Western Sahara, the Governments of France and the United States of America hereby guarantee performance of this agreement by the parties hereto.*

Government of France　　　　　　　Government of the United States of America

(*neither country has committed to do this, but both have agreed to consider it, if it were necessary to achieve an agreement)

* 알제리, 모리타니아, 프랑스, 미국은 입회국으로 참여하도록 했으나, 결국 이 기본협정의 서명은 무산됨.

기본협정을 통한 서사하라 문제 해결 노력이 무산된 가운데, 2002년 2월 18일 코피 아난 유엔 사무총장은 유엔안보리보고서를 통해 서사하라 문제 해결 관련 4가지 방안을 제시하였고, 2003년 7월 31일 '유엔안보리결의 1495호' 채택 등 국제사회의 다양한 노력에도 불구하고 서사하라 문제는 미해결 상태로 남아있다. 2017년 현재 모로코가 서사하라의 80% 정도, 폴리사리오가 남부지역 약 20% 정도를 통제하고 있다. 서사하라를 둘러싼 이해 당사국들 간 '불안한 평화'는 오랜 기간 동안 지속될 것으로 보인다.

4. 헌법 속의 정치 경제 체제

무함마드 5세 국왕의 귀국일인 1962년 11월 18일 제정헌법(12월 14일 확정)을 공표함으로써 모로코는 입헌군주제 정치체제를 갖춘 근대 국민국가가 되었다. 제정헌법은 모로코의 입헌군주제 정치체제, 종교 최고지도자이자 행정수반인 국왕, 다당제를 기반으로 하는 양원제 의회, 사법부 독립을 핵심 내용으로 하는 서구식 헌법 구조였으며, 2011년에 7차 개정을 단행했다.

제14장 180조로 구성된 2011년 7월 7차개정 헌법은 모로코가

입헌군주제임을 규정하고, 정부의 권한을 강화하였으며,[14] 여러 자유권 관련 규정을 심화하고, 인권 관련 규정과 국제법 준수 관련 규정을 두었다. 그러나 통제 받지 않고 중요한 사항을 집행할 수 있는 권한을 여전히 국왕에게 주었다.

2011년 2월 20일, 모로코 전역에서 약 15만~20만 명의 시민들이 더 담대한 민주적 변화를 요구하는 시위를 벌였다. 이 시위에 정당과 같은 정치단체나 다양한 이념 지향을 가진 단체들이 참여하여 권위주의 통치 타파와 민주적 개혁을 요구한 것이다. 이에 따라 국왕은 새로운 헌법안을 제안했다. 여러 정치, 사회 단체들이 헌법의 주요 쟁점 내용에 대해 논쟁했으나 합의를 이끌어내지 못하였고, 왕립내각, 즉 국왕이 의장으로 주재하는 국무회의는 국왕이 제안한 헌법안을 절차에 따라 승인했다. 2011년 7월 1일 이 헌법안에 대한 찬반 국민투표를 실시했고, 7월 29일 새로운 헌법이 확정되었다.

2011년 개정헌법은 서문, 제1장 총칙(1~18조), 제2장 기본 자유와 권리(19~40조), 제3장 왕정(41~59조), 제4장 입법부(60~86조), 제5장 행정부(87~94조), 제6장 권한 간의 관계(95~106조),[15] 제7장 사법부 (107~128조), 제8장 헌법재판소(129~134조), 제9장 지역과 기타 영토집단(135~146조), 제10장 최고회계위원회(147~150조), 제11장 경제·사회·환경 위원회 (151~153조), 제12장 양호통치(154~171조), 제13장 헌법개정 (172~175조), 제14장 과도 규정과 최종 규정(176~180조)으로 되어 있다.

제1조에 "모로코의 통치 체제는 헌법적·민주적·의회적· 사회적 왕정 체제"로 "권력 분립·균형·협력, 국민의 민주주의 참여, 양호통치 및 회계에 대한 책임 부과의 원칙을 토대로 한 다."고 규정하고 있고, 제2조에 "국가의 주권은 직접 국민투표 를 통해, 간접 대표들을 통해 행사된다."고 함으로써 민주주의, 권력분립, 국민주권원칙에 의한 입헌군주제를 정치체제로 하고 있음을 보여주고 있다.

정당설립의 자유(제7조), 조합과 협회 설립의 자유(제8조), 국 민의 입법청원권(제14조), 해외 거주 모로코인의 권리와 이익보 호 및 시민권(제16~18조), 남녀평등권(19조), 생명권(20조, 24 조), 재산권(21조), 고문 받지 않을 권리(22조), 체포, 구금되지 않을 권리(23조), 사상·의견·표현의 자유(25조), 공공기관의 정보를 취득할 권리(27조), 언론자유(28조), 모임, 집회, 평화적 시위, 협회 설립, 노동조합과 정당 가입의 자유(29조), 선거권 (30조), 재산권(35조), 국방의무(38조), 공적 비용 부담 의무(39

조) 등 각종 자유권, 권리와 의무가 규정되어 있다.

국왕은 국가수반, 최고지도자(42조), 군 최고사령관(53조)이다. 이슬람은 국교이고(3조), 국왕은 이슬람 신도들의 지도자이며, 최고울라마위원회를 주재한다(41조). 왕위 계승은 장자 우선원칙이긴 하지만, 국왕 생존 시에 장자 대신 다른 아들을 임명하는 경우와 아들이 없는 경우의 왕위계승 원칙을 규정하고 있다(43조). 총리 및 국무위원 임명권(47조), 국무회의 주재권(48조), 법률 집행 명령 공표권(50조), 국왕칙령에 의한 의회 해산권(51조), 최고안보위원회 주재권(54조), 대사의 신임장 제정권 및 조약 비준권(55조), 최고사법위원회 주재권(55조), 최고사법위원회 법관 임명 비준권(57조), 사면권(58조), 비상사태 선포권(59조) 등의 권한이 국왕에게 주어져 있다.

모로코 의회는 양원제 의회(하원의회, 자문의회)로 구성되어 있으며(60조), 5년 임기인 하원의회 의원은 국민 직선으로 선출되고(62조), 임기 6년인 자문의회 의원은 영토집단, 지방의회 소속 의원, 여러 직업군의 유권자집단에 의한 선출자로 구성된다(63조). 당연히 입법권은 의회에 있으며(70조), 법률안 제안권은 총리와 의회 의원에게 있다(78조). 하원의회와 자문의회는 각각 제안된 법률안을 우선 토의, 표결하고, 다른 의회가 표결한 법률안을 토의하며, 최종 표결은 하원의회가 한다(84조).

국왕이 임명하는 총리와 장관들로 구성된 정부(87조)는 집행권을 가지며(89조), 총리의 집행권 일부를 장관에게 위임할 수 있다(90조). 모로코 헌법은 국왕과 입법부 간 관계(95~99조), 입법부와 행정부 간 관계(100~105조)를 매우 구체적으로 규정해 놓고 있다.

사법부는 입법부와 행정부로부터 독립적이며, 국왕은 사법부 독립의 보증인이다(107조). 국왕이 주재하는 최고사법위원회는 법관의 독립성, 임명, 승진, 퇴직과 관련된 업무를 담당한다(113조). 법원은 일반법원과 특별법원이 설립될 수 있다(127조). 9년 단임제의 12명 위원으로 구성되는 헌법재판소는 헌법 조문과 기본법 규정에 의해 위탁된 권한을 행사하며, 의회 의원 선거와 국민투표 실시의 합법성(132조), 법률의 비합헌성과 관련된 모든 항변에 대한 검토(133조)를 담당한다. 최고회계위원회는 왕국의 공적 자금 감시(147조), 공적 금융 감시와 관련된 분야에서 의회를 지원하며(148조), 지역회계위원회는 지역, 기타 영토집단, 기관의 회계 및 사안 운영 방식의 감시를 담당한다(149조). 정부, 하원의회, 자문의회는 경제적 · 사회적 · 환경적 특성을 가진 모든 사안들에 대해 경제 · 사회 · 환경위원회에 자문을 한다(152조).

모로코 헌법에는 '양호통치'(제12장), 국가인권위원회(161조), 중재원(162조), 해외 거주위원회(163조), 최고시청각통신기구(165조), 경쟁위원회(166조), 국가 청렴 · 뇌물 예방 및 투쟁기구(167조), 최고교육 · 지식습득 · 과학연구위원회(168조), 가족 및 어린이 자문위원회(169조), 청년 및 지역사회 활동 자문위원회(170조) 등 다양한 기구 및 위원회가 헌법기구로 설립되어 있다. 한편, 국왕, 총리, 하원의회, 자문의회는 헌법 개정 발의권이 있으며, 국왕은 헌법 개정 발의안을 국민투표에 직접 제의할 수 있다(172조).

모로코 헌법에 '사적 소유' 개념, 즉 정치 경제 체제에 대한 구체적 언급이 없는 것으로 보아 모로코가 군주제임을 반영하고 있다. 2011년 헌법이 채택되고 난 이후, 군주의 권한 축소,[16] 선출된 의회의 권한 확대, 정부 부패 종식을 요구하는 학생들의 항의가 지속되었다. 학생, 청년층의 소규모 항의 단체들로 구성되어 있었고, 이슬람을 국교로 하고 있는 것에 대한 국가정체성 논쟁 등으로 인해서 항의 시위의 효과는 미약한 것으로 판단한다.

5. 모로코의 종교와 문화

모로코의 국교는 순니 이슬람이며, 법학파 중 말리키 법학파가 주류이다. 전체 인구의 99%가 무슬림이며, 기타 1%에는 시아 이슬람, 그리스도교, 유대교, 바하이교 등이 차지하고 있다. 오래 전부터 모로코 지역에는 여러 종족들(리비아인, 무어인, 페니키아인, 카르타고인, 로마인, 비잔틴인… 등)이 이주하여 살았기 때문에 인종적으로 뿐 아니라 그들이 신봉하는 종교도 다양했다. 그러나 리프산맥과 아틀라스 지역, 서사하라 지역의 베르베르인 거주지역은 외부인의 유입이 비교적 적었기 때문에 이 지역의 주민들은 그들 고유의 원시종교를 신봉하고 있었다.

7세기 말, 아랍인들이 이슬람 깃발 아래 이 지역을 점령하면서 베르베르인들은 이슬람을 받아들였고, 아랍이슬람문화와 베르베르문화가 상호 융합하기 시작했다. 8세기 말, 물레이 이드리스가 파스 지역에 최초의 아랍인 왕조인 이드리스 왕조를 건국하였고, 베르베르인들에게 적극적으로 이슬람을 포교했다.

11세기 베르베르인을 주축으로 하여 마라케시에서 일어난 무라비툰조는 모로코 전역을 이슬람화 하고, 사하라 이남의 말리, 니제르, 세네갈까지, 북쪽으로 스페인까지, 동쪽으로 알제리와 튀니스의 이프리끼야에 이르는 대제국을 건설하였다. 그 이후의 알무와히둔조, 마린조, 사아드조, 알라위조로 이어지는 왕조체제에서 이슬람은 모로코인의 중심 종교였다. 2011년 개정 모로코 헌법 전문에 "무슬림 주권국가 모로코 왕국은…" "모로코의 정체성 그 중심에는 이슬람이 자리 잡고 있으며…"라고 규정되어 있고, 제3조에 "이슬람은 국교이며, 국가는 모든 사람에게 신앙의 자유로운 활동을 보장한다."고 함으로써 '신앙의 자유'와 '이슬람은 국교'라는 것을 동시에 규정하고 있다. 즉 모로코인들의 종교적 정체성은 무슬림, 이슬람이라고 할 수 있다. 모로코에도 살라피야 개혁운동과 같은 급진 정치이슬람 운동 그룹이 식민지 시기에는 독립운동을, 오늘날에는 정치, 사회 개혁운동을 주도하고 있다.

한편, 모로코 역사가 보여주는 것과 같이, 모로코 문화는 베르베르 문화, 아랍이슬람 문화, 스페인과 프랑스의 영향을 받아 라틴문화가 혼재되어 있다. 모로코의 문화는 복합문화라고 할 수 있는데, 인구의 절대 다수를 차지하는 베르베르인과 아랍인의 영향을 받아 아마지그어와 아랍어, 식민지시대의 언어인 프랑스어를 바탕으로 하여 이러한 복합문화가 형성되었다. 즉 모로코는 역사적으로 다양한 문화와 문명이 들어와 모로코 특유의 복합문화를 창출한 용광로 같은 역할을 했다. 모로코는 '아랍-아마지그 국가' 또는 '아마지그-아프리카 국가'로 간주될 정도로 모로코의 문화의 기저에는 베르베르 문화가 광범위하게 확산되어 있다. 2010년에 개소한 국립 타마지그트 TV 채널은 베르베르인과 관련된 방송 시간을 확대할 정도로 베르베르인, 베르베르 문화에 대한 국가적 관심은 확대되고 있다.

카사블랑카에서 234km 거리, 아틀라스 산맥 부근에 있는 무라비툰조의 수도였던 '붉은도시' 마라케시는 알라위조 이전까지 모로코 지역에서 가장 번성했던 도시이다. 베르베르문화와 아랍 이슬람문화가 섞여 독특한 마라케시 문화를 만들어 냈다. 789년 이드리스 왕조의 설립자 이드리스에 의해 건설되어 여러 세력이 부침하였고, 1912년~1956년에 프랑스령에 속했던 오늘날 모로코 제2의 도시인 파스에는 세계에서 가장 오래된 알까라윈 대학, 유네스코 세계문화유산으로 등재된 파스 알발리의 좁은 미로, 이슬람 건축양식을 보여주는 부 이나니아 신학교, 가죽 염색 지역인 파스 알발리 등 많은 문화유산이 있다. 그 외에도 스페인을 바라보면서 지브롤터 연안에 위치한 국제도시 딴자, 현재 모로코의 수도이면서 무함마드5세 묘와 하산탑이 있는 라바트, 스페인어로 '하얀 집'의 의미를 가지고 있는 모로코 최대 도시 카사블랑카 등 여러 도시에는 고대에서부터 오늘날까지 축적되어 온 베르베르문화와 아랍이슬람문화가 있다. 또한 차 한 잔 시켜놓고 카페 앞 의자에 앉아 길을 바라보면서 대화하는 모로코의 카페 문화는 어디를 가나 볼 수 있다.

6. 모로코 경제 현황과 한국-모로코 관계

한국과 모로코 관계는 아프리카 최초로 1962년 7월 6일 외교관계 수립에 합의하고, 같은 해 9월 6일 주 모로코 한국대사관(대사대리 신기흠)을 개설했고, 1963년 2월 8일 신현준 초대 대사의 신임장이 발부된 이후 정치, 경제, 문화, 유엔과 여러 국제기구 등 전반적인 분야에서 심화, 확대되어 왔다. 모로코는 대한민국, 북한과 동시에 수교한 국가로서[17] 표면상으로는 중립적 입장을 견지하고 있으나 특히 경제적인 실리 차원에서 대한민국과 관계를 중시하고 있다. 통일문제 등에서 우리의 입장을 적극 지지해 왔으며, 우리의 성공적 경제발전에 대한 관심도 높은 편이다. 따라서 양국 간에는 투자, 경협 및 교역 확대, 과학기술 관련 정보교류 등 실질적 협력관계를 지속적으로 강화해 왔다. 모로코인들은 한국을 '모로코 경제발전의 롤 모델'이라고 할 정도로 모로코인들의 한국 이미지는 좋으며, 이에 따라 주 모로코 한국국제협력단을 통해 다양한 협력사업을 진행해 왔다. 2016년 드리스 메르룬 모로코 도시계획·국토개발부 장관이 한국을 방문했고(5.23~27), 8월 한-모로코 문화교류의 날 행사와 제6차 한국-모로코 문화공동위원회가 열렸다. 예년과 마찬가지로 2017년에 여러 자원봉사자들이 한국국제교류협력단을 통해 모로코에서 개발원조 활동을 벌였으며, ICT의 성공적 경험 공유 행사, (재)건설기술교육원(원장 전병국)과 함께 모로코 국토부 공무원 50명을 대상으로 '모로코 지속가능한 도시 및 지역개발 역량강화' 현지연수 사업을 통한 우리나라 도시개발 정책 및 사례 소개, 기후변화에 대처하는 도시관리기법 전수 등 실질적인 협력파트너로서 다양한 교류를 하고 있다.

한국산 자동차와 가전제품, 휴대폰, K-POP에 대한 모로코인들의 선호도는 우리가 상상하는 것 이상으로 높다고 할 수 있다.[18] 이에 따라 한국인들의 모로코 방문도 다른 북아프리카 국가들보다 많은 편이며, 오랜 문화유산을 가지고 있는 모로코 관광지에 대한 한국인들의 관심도 확대되고 있다. 한국과 모로코 간에는 경제 관련 다양한 협정을 맺음으로써 경제 파트너로서의 관계를 심화 확대시켜왔다. 무역협정(1976.05),

경제기술협정(1976.05), 문화과학협정(1979.07), 체육협력 의정서(1990.05), 사증면제협정(1993.09), 이중과세방지협정(2000.06), 투자보장협정(2001.05), 해외봉사단 교환각서(2001.11), 항공협정(2003.04), 전자정부(e-Government) 구축협정(2004.01.27), 관광협력협정(2006.06), 문화교류시행계획서(2009.12), 산업협력 양해각서(2011.05), 한-모로코 4대강 사업 기술협력협정(2012.03) 등 각종 협정을 통해 양국관계가 심화되었다. 2012년 1월 정의화 국회부의장 모로코 방문, 5월 한-모로코 수교 50주년을 기념해 김성한 외교통상부 제2차관이 모로코를 방문하여 양국 관계발전을 강화했고, 2014년 11월에는 정홍원 국무총리가 모로코를 방문하여 총리회담을 통해 한국기업의 진출확대를 협의하는 등 고위급 인사 교류를 통해 양국관계는 심화 확대되어 왔다.

삼성전자 모로코 법인, LG전자 모로코 법인, 포스코 엔지니어링 모로코 지사, 대우건설 모로코 지사, 삼성물산 모로코 지사, 유라코퍼레이션 등 한국의 주요 기업이 2010년대에 적극적으로 모로코에 투자했으며, 역시 2010년대에 대우건설, 삼성물산, 포스코 엔지니어링 등이 모로코의 플랜트, 건설 프로젝트를 수주하여 사업을 진행했다.[19]

〈모로코 경제지표(2011~2016)〉

지표		단위	2011년	2012년	2013년	2014년	2015년	2016년
대내 경제	경제성장률	%	5.0	3.0	4.7	2.4	4.4	1.3(p)
	1인당 GDP(PPP)	US$	6,803	7,009	7,316	7,514	7,875	8,120(p)
	명목 GDP	백만 US$	99,200	95,900	103,800	109,200	102,300	108,803(p)
	정부부채/ GDP	%	53.7	59.7	63.6	66.4	68.0	-
	소비자물가 상승률	%	0.9	1.3	1.9	0.4	1.6	-
	실업률	%	8.9	9.0	9.2	-	9.4	-
대외 경제	수출실적	백만 US$	20,980	21,367	23,110	30,808	32,633	16,605 (2016/09)
	수입실적	백만 US$	40,376	44,522	48,368	42,489	40,549	30,525 (2016/09)
	무역수지	백만 US$	-19,397	-23,155	-22,988	-22,012	-15,686	-13,920 (2016/09)
	외국인투자 금액(당해분)	억US$	34.4	23.9	29.9	30.6	31.4	28.7 (2016/09)
	총외채	백만 US$	29,096	33,816	34,947	35,485	30,802	-
	외환보유고	백만 US$	20,642	17,535	19,256	21,142	23,346	-
	시중금리	%	3.3	3.2	3.1	3.0	2.5	-
	환율	Dh/ US$	8.1	8.6	8.4	8.4	9.7	10.0 (2016/12)

1) (p): 예상 수치로 확정 수치 미발표 상태

2) (2016/09): 2016년 9월 자료 기준. 2016년 연간 수치 미발표 상태

3) (2016/12): 2016년 12월 월간 평균 기준. 2016년 연간 평균 미발표 상태

출처: 모로코 고등계획위원회(HCP), 모로코 통계청, 세계은행, EIU

다음백과. "모로코 국가 개요." http://100.daum.net/encyclopedia/view/188XXXXX
MAR04 (검색: 2017.8.7.)

한국과 모로코 관계는 1956년 모로코 독립 6년만인 1962년에 국교를 맺은 이후 지금까지 발전적으로 확대되어 왔다. 모로코의 오랜 전통 속에 피어난 찬란한 문화와 서구 식민통치 경험은 대한민국의 유구한 역사, 찬란한 문화, 그리고 일본 식민통치 경험과 닮았다. 우리는 식민지 유산이자 이념의 시대가 낳은 유산인 남북분단 때문에 항시적인 안보위기 상황을 맞고 있음에도 불구하고 근대화, 민주화에 성공한 경험을 갖고 있다. 모로코는 분단은 되지 않았지만 서사하라를 둘러싼 국제적 영유권 다툼으로 상시적 안보위기에 직면해 있고, 국내 정치가 불안정하나 다른 아프리카, 중동 국가들에 비해 국내 갈등이 심하지는 않은 편이다. 대한민국과 모로코 간 유사성과 차이는 상호 발전에 도움을 줄 수 있는 요인으로 작용할 수 있다. 통상, 과학기술, 교육, 문화 등 다방면에서의 지속적이고 적극적인 교류를 통해 상호 전략적 파트너로서 발전할 것으로 기대한다.

주석

지중해의 다문화 용광로 모로코 왕국

1 서사하라의 모로코 행정구역(252,120 ㎢)을 포함한 넓이임.

2 최초의 베르베르 국가인 알무와히둔조는 모로코 남부 베르베르 마스무다 부족의 이븐 투마르트가 1121년에 아틀라스 산맥의 틴멜에 수립한 왕조임.

3 이드리스 이븐 압드 알라(788~791 통치)를 말하며, 그의 조상은 알리 이븐 아비 딸립(이슬람 예언자 무함마드의 사촌이자 사위)과 그의 아내인 파티마(이슬람 예언자 무함마드의 딸)까지 거슬러 올라감.

4 일부 역사가들은 하산 이븐 알리의 증손자인 이드리스 1세가 최초로 모로코인 국가를 수립하였다고 인정하고 있음.

5 베르베르인인 압드 알라 이븐 야신이 수립한 알무라비툰조는 마그립 서쪽 지역과 현 스페인 남부 지역인 안달루스 지역을 통치함. 1062년에 마라케시를 수도로 정함.

6 레콩키스타는 스페인어와 포르투갈어로 '재정복'을 의미함. 711년 이슬람이 히스파니아(이베리아 반도)를 정복한 시기부터 1492년 페르디난드와 이사벨이 그라나다의 무슬림 왕조를 몰아낼 때까지 약 7세기 반에 걸친 이베리아 반도의 역사를 말함.

7 샤리프는 예언자의 후손을 뜻함.

8 마흐잔은 '왕가' 즉 중앙집권적 왕조 정치구조를 의미함.

9 구이시 또는 자이시는 '군'을 의미함.

10 타필랄트의 이맘이 주민들의 요구를 받아들여 히자즈 지방 얀부에 살고 있던 알하산 알다킬을 모로코로 초대함에 따라 13세기 말에 모로코 알라위 가계가 형성된 것으로 알려져 있음. '알라위'라는 용어는 이슬람 예언자 무함마드의 사촌이

자 사위인 알리 이븐 아비 딸립에서 따온 것임.

11 앙탕트 코르디알은 '화기애애한 합의' 또는 '화기애애한 양해'의 의미를 가진 프랑스어임. 1904년 4월 8일에 영국, 아일랜드, 프랑스 제3공화국이 서명한 여러 합의들을 통틀어 부르는 협정임. 이 협정으로 1815년 나폴레옹 전쟁 종결 이후 100여년 동안 지속된 갈등이 종식되고 영국과 프랑스 관계가 크게 호전되었으나 아프리카는 제국주의 국가들의 분할-점령지가 되었음.

12 스페인이 1967년에 조직한 모든 사하라인들을 대표하는 일종의 부족회의로, 1976년 2월 26일 스페인 군대가 철수하자 예마 위원 80명이 모여 서사하라를 모로코에 귀속한다고 결정함.

13 암갈라는 모로코가 모래와 돌로 쌓은 길이 2700㎞, 높이 3m의 모로코 장벽 (Moroccan Wall) 바깥 쪽, 폴리사리오가 통제하고 있는 지역 내의 티파리티 (Tifariti)와 사마라(Smara) 사이에 있는 오아시스임. 알제리군의 지원을 받고 있는 폴리사리오군은 1976년, 1989년 두 차례 이 수자원 지역에서 모로코군과 충돌함.

14 '아랍의 봄' 영향으로 요르단은 2011년 12월 헌법을 개정했고, 이집트는 2012년 12월 새로운 영구헌법을 제정했으며, 튀니지, 리비아, 알제리, 예멘도 이 시기에 헌법을 개정 및 제정함.

15 권한 간 관계는 '국왕과 입법부 간 관계'와 '입법부와 행정부 간 관계'로 구성되어 있음.

16 학생들은 내각회의 의장, 사법부와 군부의 통제, 종교문제 통할, 국왕 승인 없이 법 통과 시 의회 해산권 등 강력한 권한이 국왕에게 주어져있음을 비판함.

17 북한과 모로코는 1989년 2월 13일 수교함.

18 2017년 7월 23일, 한국문화동호회인 MFK(Morocco Fans of Korea)가 주관하고 주모로코 한국대사관이 후원하는 2017년 K-Pop World Festival 모로코 지역예선이 개최됨.

19 다음백과. "모로코 국가 개요." http://100.daum.net/encyclopedia/view/188XXXXXMAR09 (검색일: 2017.08.07)

참고문헌

정상률. 2006. "모로코의 정치발전과 이슬람," 『중동정치의 이해3』. 21세기 중동이
　　슬람문명권 연구사업단 엮음. 파주: 한울아카데미.

Abun-Nasr, Jamil M. 1987. *A History of the Maghrib in the Islamic Period*. New
　　York: Cambridge University Press.

Eickelman, Dale F. 1976. *Moroccan Islam: Tradition and Society in a Pilgrimage
　　Center*. Austin, TX: University of Texas Press.

Fish, M Steven. 2002. "Islam and Authoritarianism." *World Politics*, Vol.55, No.1
　　(October).

Ismael, Tareq Y. and Ismael, Jacqeline S. 1992. *Politica and Government in the
　　Middle East and North Africa*. Florida International University Press.

Madani, Mohamed & Zerhouni, Saloua. 2012. *The 2011 Moroccan Constitution:
　　A Critical Analysis*. International Institute for Democracy and Electoral
　　Assistance.

Mansfield, Peter. 1992. *A History of the Middle East*. New York: Penguin Books.

Moore, Clement Henry. 1970. *Politics in North Africa: Algeria, Morocco, and
　　Tunisia*. Boston, MA: Little, Brown and Company.

Pennel, C.R. 2000. *Morocco Since 1830: a History*. New York: New York
　　University Press.

Pennell, C. R. 2003. *Morocco: From Empire to Independence*. Oxford: Oneworld
　　Publications.

Terrasse, Henri. 1952. *History of Morocco*. Casablanca: Éditions Atlantides.

White, Gregory. 2001. *A Comparative Political Economy of Tunisia and Morocco:
　　On the Outside of Europe Looking In*. New York: State University of New

York Press.

다음백과. "모로코 국가 개요." http://100.daum.net/encyclopedia/view/188XXXXXMAR01 (검색일: 2017.08.07).

코트라 홈페이지. http://www.kotra.or.kr/kh/main/KHMIUI010M.html (검색일: 2017.08.07).

Central Intelligence Agency. "Morocco." The World Factbook. https://www.cia.gov/library/publications/resources/the-world-factbook/geos/print_mo.html (검색일: 2017.7.17).

찾아보기

【ㅇ】

【ㅈ】

【ㅊ】

【ㅋ】

【ㅌ】